モンテッソーリ教育×おうち英語で世界に羽ばたく子どもを育てる

輝きベビーアカデミー代表
伊藤美佳

DHC

はじめに

子どもの教育に携わって33年。数えきれないほどたくさんの親子と接してきました。そのなかでモンテッソーリ教育に出会いました。7年前に幼稚園の代表職を辞してからもずっと、子どもたちを、そしてママやパパたちを幸せにできないかと考え続けてきました。

そして今回、「モンテッソーリ教育で〝おうち英語〟を楽しく習得できる本をつくりませんか」というご提案をいただきました。モンテッソーリ教育はもともと海外で広く知られている教育です。「おうち英語とのコラボがうまくいかないわけがない！」と思い、この本を出版することになりました。

これからのグローバル社会で子どもが輝くためには、モンテッソーリ教育で自立した大人に育てることが必要です。これに「英語」が加われば、もう怖いものナシです。

今回の本ではより実践的な内容にするために、次女と、輝きベビーアカデミー認定インストラクターの皆さんの力を借りています。

まず次女の聖夏ですが、幼稚園からモンテッソーリ教育を受けて育ち、高校卒業後は自らの意志で米国留学を選びました。その後アメリカの大学を卒業して、ニューヨークでミュージカル女優として活動しました。こうした経験を生かして、いまは英語de DANCEという教室を主宰し、子どもたちに英語でダンスや歌のレッスンを行なっています。

次女も最初から英語が堪能だったわけではありませんが、モンテッソーリ教育を受けて育ったことで「自分はいま何がしたいのか」という主体性がハッキリとしていたため、アメリカ生活にも馴染みやすかったと言います。

モンテッソーリ教育を受けて育った経験と、英語を習得した経験の両方から、この本の内容に深く関わってくれました。

そして、輝きベビーアカデミー認定インストラクターの皆さんです。

皆さん英語が堪能で、モンテッソーリ教育の考え方を取り入れながら、お子さんに「おうち英語」を実践されてきた方ばかりです。これまで培ってきた「おうち英語」での経験を踏まえて、たくさんの工夫やアイデアをこの本のために惜しみなく教えていただきました。取材のたびに、私もとても勉強になりました。

とくにチャプター3に出てくるおすすめの英語絵本、チャプター4で紹介する日常生活での声かけフレーズ、そしてチャプター5で紹介するアクティビティは、インストラクターの先生方にヒアリングした内容をもとに掲載しています。

なお、今回の取材にご協力いただいたインストラクターの先生たちのプロフィールは巻末の192〜193ページに掲載しています。

こうしていろいろな方のお力があって、この本が出来上がりました。

読者の皆さんには、ぜひ肩の力を抜いてラクな気持ちで、お子さんと一緒に英語を楽しんでいただければ幸いです。

お子さんがモンテッソーリ教育を通して英語が大好きになり、笑顔で世界に羽ばたいていけますように！

2021年11月　輝きベビーアカデミー代表・伊藤美佳

もくじ

Chapter 1
「子ども英語」はモンテッソーリ教育でうまくいく

Chapter 2

ゆる〜く続ける「おうち英語」のコツ

Chapter 3

魅力いっぱい！ 英語絵本の読み聞かせ

Chapter 4

日常シーンで使える！やさしい英語フレーズ

Chapter 5 親子で楽しめる！英語のアクティビティ

One,
two,
three.

音声ダウンロードの手順

本書をお買い上げの方は、音声サービス特典をご利用いただけます（Chapter4とChapter5の英語フレーズのネイティブ音声）。以下の手順でDHC語学アプリからお聴きいただくか、弊社ウェブサイトからもダウンロードしてお聴きいただけます。

＊ダウンロードファイルはZIPされているため、ZIP解凍ソフトをあらかじめご用意ください。パソコンにはすでに装備されていることが多いですが、スマートフォンやタブレットの場合は装備されていないことが多いので、ご注意ください。

❶ DHC音声アプリをダウンロードする場合

DHC語学系通信講座の補助アプリです。

手順

〈1〉インストール

iOS版

Apple AppStoreから無料でダウンロードしていただけます。ご利用の端末で左のQRコードを読み取っていただくか、「DHC語学」でストアを検索してください。

対応環境：iOS 9.0 以上

Android版

Google Playストアから無料でダウンロードしていただけます。ご利用の端末で左のQRコードを読み取っていただくか、「DHC語学」でストアを検索してください。

対応環境：Android 5.0 以上

〈2〉セットアップ

アプリを起動すると、ログイン画面が表示されます。受講生番号に**【0000】**、パスワードに**【book】**と入力し、**【ログイン】**ボタンを押してください。ログインすると講座・書籍の一覧が表示されます。

〈3〉アプリの利用

★音声データのダウンロード

該当の書籍名の行をタップするとダウンロードが始まります。

★音声データの再生

ダウンロードの終了後、同じ行を再度タップすると音声再生の画面に移ります。ログインおよびダウンロード時はネットワーク接続が必要です。容量が大きいためWi-Fi接続をご利用ください。なお、通信料金はお客様のご負担になります。

❷ アプリではなくウェブサイトからダウンロードする場合

〈1〉インターネットで専用ウェブサイトにアクセス

音声ダウンロード専用サイト ➡ **https://top.dhc.co.jp/shop/book/monte/**

〈2〉ダウンロード開始（MP3ファイル）

Chapter 1

「子ども英語」は
モンテッソーリ教育で
うまくいく

モンテッソーリ教育とは

お子さんの英語のお話の前に、まずモンテッソーリ教育のお話から始めさせてください。
モンテッソーリ教育は、アメリカでは多くの人に知られている教育法です。
実際、元アメリカ大統領のバラク・オバマ氏やマイクロソフト創業者のビル・ゲイツ氏、アマゾン創業者のジェフ・ベゾス氏など、すでにモンテッソーリ教育を受けた著名人が多数います。
一方、日本では、将棋の藤井聡太さんが小さいころからモンテッソーリ教育を受けていたことで、最近とくに注目を集めるようになってきました。少しずつモンテッソーリ教育を取り入れた幼稚園や保育園なども増えてきましたが、アメリカに比べれば、まだまだ一般的に浸透しているとはいえません。

モンテッソーリ教育は、イタリア初の女性医師、マリア・モンテッソーリによって生まれ、世界各国に広がっていった教育法です。
モンテッソーリ教育の基本は、「子どもは自らを成長させ、発達させる力を持って生まれてくる。大人である親や教師は、子どもの成長要求をくみ取り、自由を保障し、子どもたちの自発的な活動を援助する存在に徹しなければならない」というものです。

少し難しい表現になってしまいましたね。要は、**子どもの自立がいちばん大切**だということです。子どもはもともと自ら発達させる力を持っている**可能性のかたまり**です。親は子どもの成長ややりたい気持ちをそばにいて見守り、決して手を貸したり世話を焼いたりせず、**子どもの能力を引き出す存在であること**が大切なのです。

モンテッソーリ教育を実践している幼稚園に行くと、シーンと静かなことが多いので、驚く人が多いものです。これは子どもたちが集中して自分のやりたいことに取り組んでいるから。先生が「○○ちゃーん！」などと大きな声で呼ぶこともありません。集中力が切れてしまうからです。

また、先生が「あれをしましょう、これをしましょう」と指示したりもしません。子どもたちは、**自分のやりたいことは自分で選び、決めることができる**からです。

モンテッソーリ教育には、さまざまな教具（おもちゃ）がありますが、そのときにその子が興味を持っているものは1人ひとり違い、それぞれが集中して取り組んでいるのです。

驚くのは、先生が存在感を消しているところ。先生の姿が見えないことも珍しくありません。でも決して、先生は子どもから目を離してどこかに行ってしまっているわけではなく、子どもたちを本当によく観察しています。

そして子どもが困ったときに先生を呼ぶと、すーっと現れて子どものそばに寄り添い、サポートしてくれます。

まさに、**黒子のような存在**なのです。

先生は常に子どもを観察しているし、子どもが求めてきたら応えるけれど、決して子どもが集中しているところを邪魔したりしない。だから子どもは、とても生き生きとやりたいことに集中しています。

これは家庭での教育でも、まったく同じです。

しっかり見守って子どもの安全は確保しながら、自由に自分の選んだことができる環境で育った子どもは、自分の伸ばしたい能力を伸ばし、自分で考えて行動していけるようになります。

一般的には、「親の言うことを素直に聞く子」が「いい子」とされますが、これは一歩間違えれば、親に言われたことしかできない「指示待ちの子」をつくってしまいます。

親が「ああしなさい、こうしなさい」「これはダメ、あれはダメ」と指示、命令、注意ばかりしていると、子どもは自分の頭で考えることを止め、親の言う通りに行動することになります。

なぜなら、自分のやりたいようにやろうとすると親に否定されるからです。そうであれば、何も考えずに親の言うことを聞いておいたほうがラクだと子どもは学習するのです。

でもこれでは、自分の頭で考え、自分で人生を選択できる子にはなれません。

さきほど、先生は黒子のような存在だとお話ししましたが、**ママやパパにもそういう存在であってほしい**と思います。そして子どもがいちばん「伸びよう」「伸ばしたい」という時期に思う存分その能力を伸ばせる環境を、楽しい遊びを通して与えてあげてほしい。

そうすれば、子どもは自分の可能性をどこまでも伸ばしていくことができるのです。

やっぱり子どもには英語を習わせたい!?

「子どもに英語を話せるようになってほしい」

この本を手に取られたあなたは、子どもに英語を話せるようになってほしいと願っていると思います。

もしかしてもうすでに、英語のテレビ番組を見せていたり、英語の教材を使ってみたり、英語教室に通わせようと検討されている方もいるかもしれません。

私は今、オンラインで赤ちゃんから小学校入学前までのお子さんたちに参加していただくスクールを開講しています。

そこでは英語を教えているわけではありませんが、実際、お子さんを英語に触れさせているという話が出てきたり、英語の教材を使っているなどといったお話を聞いたりすることもよくあります。

小学校に入るころには、半数くらいのお子さんが英語に触れているとおっしゃっていたママのお話を聞いて、私もびっくりしてしまいました。

ひと昔前は、小学校に入るまでに自分の名前をひらがなで書ければ十分でしたが、今やそんなことは当たり前。日本語どころか、アルファベットの読み書きができたり、簡単な英単語を口にしたりする子が当たり前のようにいるのです。

こんなお話をしてしまうと、少しでも早く英語に触れさせ、英語を話せるようにしておかなければ！と焦ってしまうママやパパもいるかもしれません。

でも焦らなくても大丈夫。**英語は決して、子どもに押しつけて教えるものではありませ**

ん。

この本ではモンテッソーリ教育を土台として、「英語」という新しい言語を楽しみながら身につけられる方法を紹介していきます。それも**おうちにいてママやパパと一緒に、がんばらなくてもできる方法ばかり**。ぜひ、一緒に楽しんでいきましょう。

英語の習得は、子どもの選択肢を広げる

言語習得を焦る必要はないというお話をしましたが、一方で小さいころから英語に触れたほうがいいのは事実です。

なぜ、小さいころから英語に触れたほうがいいのでしょうか。

これからの社会は、どんどんグローバル化していきます。今のお子さんが社会に出るころには、上司や同僚など、一緒に働く仲間や関わる人が海外の人だということも、今以上に珍しくなくなることでしょう。

言語を習得することは、ただ「英語がわかる、話せる」ということではありません。文化の違いを知って視野を広くして、**いろいろな考え方や価値観に触れること**にもつながります。

小さいころから英語に触れさせることで、英語のアンテナが立つようになります。たとえば電車での英語のアナウンスをキャッチできたり、海外の人と道ですれ違ったときに挨拶ができたり。日本人だけではなく、**海外の人とコミュニケーションをとれるようになる土台ができる**のです。

いろいろな人に触れることで好奇心も刺激され、知っている範囲が広がり、世界が豊かになります。

世界が豊かになると、自分の才能を発揮できるのです。どういうことかというと、豊かな環境を与えられると、**「ここで自分の才能や能力を発揮できる！」という選択肢が増える**ということなのです。

これはモンテッソーリ教育ともつながるところです。先ほどもお話ししたように、モンテッソーリ教育ではとてもたくさんの教具（おもちゃ）が用意されていて、子どもたちはそのとき興味があるもの、やりたいもの＝自分の能力を伸ばしたいものに手を伸ばします。

教具が乏しいと、どうしても持っている能力が伸ばしにくくなります。教具が乏しいということは、選択肢が少ないということ。逆に教具がたくさんあると、自分にそのとき必要なものを自分で選び、伸ばしたい能力を伸ばすことができます。

これが「選択肢が広がる」ということであり、言語にも同じことがいえます。英語ができれば、さまざまなメディアから世界の情報を読み取ることができます。当たり前ですが、本や映画、インターネットからの情報だって、限られた日本の情報から、世界へと広がっていきます。

ちなみに今、日本にいながら海外の大学や大学院の講義を無料でオンライン受講することもできます。それも、英語が理解できるからこそ、です。

世界の情報が受け取れるばかりか、逆に世界に情報を発信することもできます。たとえばＹｏｕＴｕｂｅでも、英語で発信できれば、市場は世界に広がります。働き方も、ビジネスチャンスも、制限なく世界に広がっているといっても過言ではありません。

私がそれを強く実感しているのは、長女と次女が海外に留学した経験があることも大きいと思います。家族で海外旅行をすると、娘たちは英語で楽しそうにコミュニケーションをとっています。

コミュニケーションをとることができれば、海外に行っても、得られるものが格段に違うはずです。

娘たちは、自分から海外に興味を持ち、自分で考え、自分で調べて留学しました。とくに次女は幼稚園からモンテッソーリ教育を受けていたため、自分のやりたいことを自分でその都度選んで、その能力を発揮していくということが、自然にできていたのかもしれません。

次女は日本の公立高校に通っていましたが、海外ドラマが好きになって海外に興味を持ち、「日本の大学には行かない」という選択をしました。高校の先生には日本の大学に行くように説得されたのですが、意思は固く、私も協力することにしました。

海外では多くの友人から日本では得られない刺激をたくさん受けたようです。

海外の友人たちは、興味があることがはっきりしていて「自分は今これがしたい」という強い思いがある。そしてみんなと同じレールの上には乗らず、**自分で自分の人生を選択して生きている**。日本の多くの友人たちが大学に進学し、同じ時期に就活をして同じ時期に会社に就職していくのとは大きな違いを感じたようです。

人と違うことは「変」ではなく、「あなたはあなた」と尊重し合える空気があったのです。

今、「多様性」という言葉をよく聞くようになりました。

子どもたちに「世界にはいろいろな人がいるんだよ」などと教え込まなくても、**英語と**

触れ合う過程で、子どもたちは自然と多様性を身につけることができるのではないでしょうか。しかもそれは、留学をしなくても家庭でスタートできることなのです。

3歳までが大事

小さいころから遊びなどを通じていろいろ経験をさせることは、脳科学的にもいいということがわかっています。

脳科学の分野では、**3歳までに脳のネットワークがつくられる**と言われています。

赤ちゃんは生まれつき、大脳に約140億個もの神経細胞をもっています。その神経細胞が数多くつながっていくことで、巨大で緻密な脳内ネットワークがつくられていきます。

このネットワークは、3歳までに働きかければ働きかけただけ、たくさんつながっていきます。神経細胞は新しいことを学び、体験することによってどんどんつながっていき、新しいネットワークをつくっていくように生まれつきプログラミングされているのです。

環境がととのっていれば、そのプログラミングに沿って発達していきます。

この脳にとって大切な時期に、どのような経験をさせてあげられるかによって、子どもが発揮できる能力は大きく変わってきます。ですから**3歳になるまでに、あらゆる分野から刺激しておくこと**が大切なのです。

刺激がなく、回路がつながらないままだと、その能力を使い切らないまま消滅してしまいます。何か伸ばしたい能力があるのに、大人の都合で中断されたり、否定されたり、環境が奪われてしまえば、その能力は発揮する機会を失い、やがてその能力そのものがなかったことになってしまうのです。

たとえば、音楽好きな家庭で育ったお子さんは、やはり音楽が好きで得意になり、運動が得意な家庭で育ったお子さんは運動が得意になります。それは、親からの遺伝というだけでなく、そういう環境でたくさん経験をさせてもらっているからです。

極端な例ですが、親が音楽好きでも、子どもに一度も触れさせなかったとしたら、子どもに音楽の能力は芽生えないでしょう。**経験させられていないものは、たとえ能力を持っていたとしても、どんどんなくなっていきます。**

出会いとはそういうもので、その環境が与えられればスイッチが入り、回路がつながっていきます。つながらないままだと回路も乏しくなっていきます。

英語との出会いもそのひとつではないでしょうか。

余談ですが、知り合いに、生まれてから3歳までイタリアに住み、その後ずっと日本で暮らしていた女性がいます。彼女が27歳で結婚し、新婚旅行でイタリアに行ったら、イタリア語が少しわかったというのです。すごいですよね。それくらい、**3歳までに聞いたり体験したりしたことは、インプットされている**のです。

モンテッソーリでは、「日常生活の練習」「算数教育」「感覚教育」「言語教育」「文化教育」の5つの分野があり、これらの分野から刺激を与えることでスイッチが入り、回路がつながっていきます。**英語はまさに「言語」のスイッチそのもの**なのです。

英語ができないのは、使う機会がないから

日本人は、遅くとも中学校から英語を学習し始め、高校でもしっかり英語を習っているはずなのに、英語が話せない人が多いと言われます。なぜなのでしょうか。

それは「使う機会がないから」です。英単語も知っているし、英文法だってわかっているのに、周りに英語を話している人がいません。どんなに受験英語は得意でも、**使う機会がないと話せない**のです。

そうなれば、「日本語だけでもいいかな」「日本語だけで別に困らないし」となってしまいます。海外旅行に行っても、日本で外国の方と接する機会があっても、交流がないまま終わってしまいます。そこで少しでも交流ができれば、海外のことを知ることができたり、考えが深まったり、視野が広がったりします。

日本の学校教育では、学ばせるだけで使う機会を持つことができません。それはとても残念なことです。

海外の友達でもいればいいのですが、いないから使わない、使わないからせっかく習っても使えなくなる。ならば、**まずは家庭で、親子の間で使いましょう**。

子どもが英語に触れることは、実はママやパパにとってもチャンスです。

親が英語が苦手だと、子どもにおうち英語をやらせるのをためらってしまう、できるかどうか不安、という声もよく聞きます。

でも考え方を変えてみると、ママやパパももう一度英語を学べるということ。**子どもと一緒に簡単な英語を覚えられる**のです。このチャンスを逃す手はありません。しかも、学ぶ英語は受験英語よりずっとやさしく、楽しいものばかり。

英語は、話したいときにそこに話せる環境があることが大切です。

英語を教え込むということではなくて、家庭での日常生活の中で当たり前のように会話ができることが大事なのではないでしょうか。

モンテッソーリ教育では子どもの考えを引き出す関わり方をします。先ほどもお話ししたように、押し付けや指示命令ではなくて、子どもに選択させるように導きます。この関わり方は、赤ちゃんのときでも同じです。

赤ちゃんが、自分で選ぶことができるの？ と思われるかもしれませんね。

まだ4カ月の赤ちゃんが、私のスクールに来たときのこと。髪飾りとタオルとぬいぐるみをぶら下げて、「どれがいい？」と私が聞くと、ちゃんとほしいもののほうを見つめるのです。どの赤ちゃんでもそうでした。

私自身も子育ての中でよく、**「あなたはどう思うの？」「あなたはどうしたい？」という度となく問いかけ、子どもに考え、選ばせる**ようにしてきました。英語で言うなら、“What do you think?” “What do you want to do?” と何度も聞いてきたのです。

あとでお話ししますが、もちろん母国語がいちばん大事で、**母国語での日常会話があることが前提**です。自分の考えを深めていくことができるのも母国語だからこそです。

そのうえで**日常生活の中で英語に触れる機会を増やす**ことで、母国語に加えて英語も使えることができればすばらしいですね。

よく「うちの子は内気でおとなしいのですが、大丈夫ですか」というご質問も受けます。「英語＝元気、自分の意見をはっきり言う」というイメージをもたれている方が多いためでしょう。

むしろ**内気でおとなしいお子さんだからこそ、小さいうちから英語に触れさせる意味は大きい**と思います。

ものごころがつくと、英語を話すことに恥ずかしさを覚える子もいますが、小さいうちならば、恥ずかしさもありません。

小さいうちから英語をやっていると、親よりもきれいな発音になることがよくありますが、小学生くらいから英語を習い始めた子の中には、きれいな発音で話すことが恥ずかしくなってしまう子もいます。ここにも、**恥ずかしさを覚える前から始めることに意義がある**と思います。

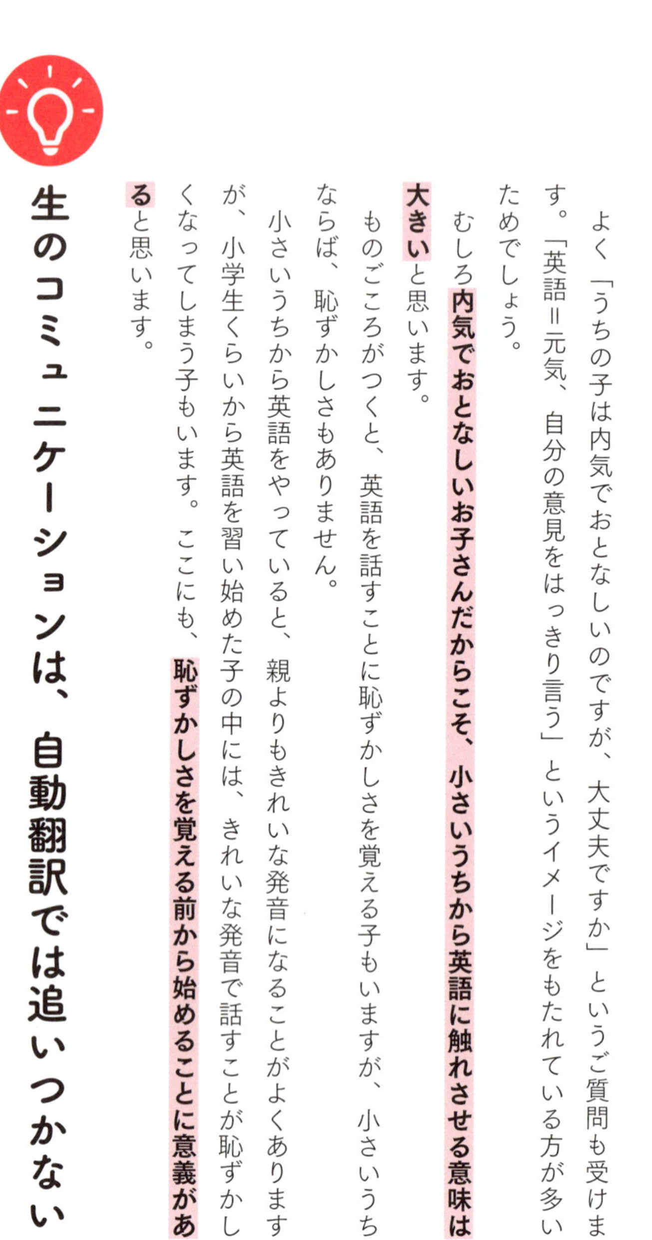

生のコミュニケーションは、自動翻訳では追いつかない

「英語なんて話せなくても、自動翻訳ツールがあるから大丈夫」

こんな声も聞きます。

でも本当にそうでしょうか。

会話はキャッチボールです。先ほどもお話ししましたが、娘たちと海外に行ったとき、ポンポンと楽しそうに会話が弾んでいるのを見て、会話というのは本当に生ものなんだと実感しました。

実際に海外の方と話す機会があればわかると思いますが、会話はリズムが大切ですから、自動翻訳では間に合いません。

英語ネイティブの人に聞いたことですが、そもそも自動翻訳は、どんなに性能が上がっても、微妙なニュアンスは翻訳しきれないのだそうです。考えてみれば当然ですよね。逆に、海外の方と日本語の自動翻訳で会話をしていることを想像してみてください。

それに加えて社会的な背景やその国の文化をどれだけ知っているかによっても、伝える内容や理解も違ってきます。

観光地で道を聞く程度なら自動翻訳はとても役に立ちますが、**本当のコミュニケーションは、機械で行うものではなく、人と人との間でなされるもの**です。

話す相手と意見を交換しあうなど、その場にいて、時間を共有しあった人同士でないとうまく伝わらない、理解できないことも多々あります。

自分の言葉で英語を発することができるようになると、**自分の思いをそのまま伝えられる**ようになります。それは機械では決してできないことです。自分という人間を知ってもらうことができれば、世界はもっと広がります。

機械的なやりとりだけで友達をつくることは難しいでしょう。生のコミュニケーションができるからこそ、海外の人とも親しくなることができるのです。

モンテッソーリ教育なしの「子ども英語」は危険！

「モンテッソーリ教育なしの英語教育はあり得ない」

私がこの本でもっとも伝えたいことです。

この本では、このあと絵本やCDなどの音声、声かけフレーズ、ゲームなどのアクティビティを使って英語を楽しく習得する方法をたくさん紹介していきますが、大切なのは、何を使って学ばせるかということではありません。

最初にお話ししたように、モンテッソーリ教育では、親や先生などの大人の関わり方がとても大切です。

それは日本語か英語かということは関係なく、いかに大人が子どもの自立を促す関わり方ができるかということです。

モンテッソーリ教育では「これをやりましょう」といった指示命令はしませんし、「これをやったほうがいいよ」という提案さえもしません。

子ども目線で楽しく学べる環境設定をととのえておき、子どもが自分から楽しんでやるようにするのです。

子どもに英語を学ばせたいと思うママやパパの多くはとても真面目で、教育熱心な方が多いです。

それはとてもすばらしいことなのですが、それだけに、子どもの思いをくみ取る前に、とにかくやらせようとしてしまうケースもあります。

また、言語は早くから学ばせたほうが有利なのは間違いありませんが、**決して「早い」ことだけが正解ではありません**。焦るあまりに子どもが「やりたい」と思う前に手出し、口出しをしてしまうこともあります。

心理学用語で、「内発的動機づけ」という言葉があります。自分の中の好奇心や関心、「やりたい」という自発的な思いで動くことをいいます。子どもはこの内発的動機づけがとても強く、これがやる気につながります。だから**自分で選ばせてあげることが大事**なのです。

子どもは何かを「やらされること」や「言われてやること」は嫌なものです。「ほら、英語の時間よ！」などと言わなくても、子どもが自分から楽しめることだけをすること。ぜひここだけは肝に銘じておきましょう。具体的なやり方は、本書でたくさん紹介していきます。

モンテッソーリ教育だから実践できる「おうち英語」

おうち英語を勧める意味は5つあります。

1つは、まだお子さんが小さいので、家庭にいることで、**安心感の中で英語に触れられること**。わざわざどこかの教室に通って習わせることにはためらってしまうママやパパでも、無理なく続けることができます。

2つ目は、**親自身がリラックスできること**。

もともと英語が得意な方はいいですが、親自身、英語があまり得意ではない場合、どこかに習いに行かせることだけでも緊張してしまいますし、「やらせなくちゃ」「私も頑張らなくちゃ」と気負ってしまうこともあります。

でも、おうち英語なら、家庭にある絵本や動画などを使ってお金をほとんどかけずに気楽にできますし、失敗しても恥ずかしくありません。**親がリラックスしていると、子どもにも必ず伝わります。**

3つ目は、**親子一緒に楽しく学べること**。

保育園や幼稚園に入園してしまうと、お友達と遊ぶようになるため、どうしても日本語に触れる時間が増えてきます。それはそれで大切なことなのですが、英語に触れる時間がなくなると、結局やらなくなってしまうことが多いもの。タイミングとしてはできれば入園する前、家でママと一緒にいるときに英語に触れて楽しむ経験があるといいでしょう。

たとえばママやパパが育休中の間（お子さんが産まれて6カ月もしくは1歳半になる間）に一緒に英語に触れておくとベターです。1年くらいの間に親自身も英語に慣れてくるので、その後に職場復帰して忙しくなっても、ちょっとしたときに英語を取り入れることができるでしょう。

４つ目は、３つ目とも重なりますが、**家庭で行うからこそ英語があって当たり前の環境をつくりやすいこと**。

モンテッソーリでは環境づくりがとても大切だとお話ししました。モンテッソーリの幼稚園では、その子の年齢のレベルに合った教具が、棚などに子どもが出し入れしやすいようにきれいに収められています。「言語」「数」「感覚」などの分野ごとにコーナーができていて、子どもたちは思い思いに自分が今やりたい教具を取り出し、集中して遊んだあとは元に戻すということをしています。

おうち英語を行う場合も、幼稚園のようにしてくださいとは言いませんが、**子どもが英語に触れたいと思ったときに、すぐに手を伸ばせる環境づくりをすること**が重要です。

可能なら、リビングや子ども部屋の片隅に「英語のコーナー」をつくって、そこには英語に関するものしか置かないようにするのもおすすめです。

また、子どもの手が届きやすいところに絵本を置いておき、子どもが絵本を「読んで」と持ってきたらいつでも読んであげる、「歌を歌って」と言われたら一緒に楽しく歌う……そんなことができるのも、おうち英語ならでは。

四六時中、英語漬けでは親子ともども疲れてしまうので、決して無理はしないでほしいのですが、子どもの「今やりたい！」という気持ちを逃さずに応じる余裕が持てるのも、家庭で行うからこそのメリットではないでしょうか。

５つ目は、**生活の実感とともに英語が自然に身につくこと**。学校で習う英語では、主に「読むこと（リーディング）」「書くこと（ライティング）」「聞くこと（リスニング）」を教えてくれます。でもなかなか英語を話せる（スピーキング）ようにはなりません。

でも家庭では、たとえばママやパパがキッチンで料理をしながら"Look, it's an eggplant."と子どもに見せたら、紫色のつるんとした野菜が「ナス＝eggplant」であることを経験から理解していくことができます。

これが英語教室なら、１つの単語を覚えたら、すぐ次のレッスンに進んでしまうかもしれませんが、家庭では**生活の中で繰り返し出てくる**から、子どもにもしっかり定着していきます。**経験から身についたことは記憶に残りやすい**のです。

絵本に卵（egg）が出てきたら、実際に卵を持たせてみたり、卵を割って料理のお手伝いをしてもらったりすることもできるのです。

日本語の発達には影響しない？

小さいころから英語を学ばせると、日本語の発達に悪影響があるのではないか、これは本当によく聞かれる質問です。

まず皆さんに知っておいていただきたいのは、**母国語（日本語）で子どもとやりとりをするのが基本**だということ。

そのうえで日本語か英語かにかかわらず、子どもに言葉の習得をさせるときにモンテッソーリ教育でお伝えしているのは、**「生まれたときから赤ちゃんに話しかけること」**です。まだ赤ちゃんだからわかるはずがない、などと思わず、言葉のシャワーをたくさん浴びせてください。

赤ちゃんに何を語りかけたらいいかわからない、というご相談を受けたこともありますが、難しく考えなくても大丈夫。**話しかけのおすすめは、「実況中継」です。**たとえば

「今日はこれから買い物に出かけるよ。楽しみだね。〇〇ちゃん、靴下を履いて行くからね」

「ほら、いいお天気だね。風が気持ちいいね。あ、犬が散歩しているよ、かわいいね」
「今日は帰ったらすぐに夕ご飯をつくらなくちゃ。これからごはんを炊いて、野菜を切って……」などなど。

また、**子どもが何かを見ていたら、見ていたものについて語りかける**のもおすすめです。でも、意外と赤ちゃんが何かを見ていても気づいていないママ、パパが多いのが現実です。

あるとき、お子さんをベビーカーに乗せて電車に乗っているママがいました。私は近くに子どもがいると、つい観察してしまうのですが、そのときも赤ちゃんが何かを見て「あ！」という顔をして、話したそうにしていました。

でもママはスマホを見ていて気づきません。本当は、このときこそ赤ちゃんと会話をするチャンスなのです。もしお子さんの様子を見ていたら、「あ、赤い屋根のおうちがあったね。それに気がついたのね」と話しかけることができたのです。**言葉を発することができなくても、赤ちゃんはちゃんとわかっているのです。**

赤ちゃんだからといって、ただぼーっとものを見ているわけではありません。何かを見ながら、その頭の中では、いろいろな回路が繋がり始めているのです。ママやパパには、スマホを見ている時間のほんの少しでも、お子さんを観察してあげてほしいなと思います。

少し話せるようになったお子さんが「ママ（パパ）、見て見て！」と話しかけているのに、忙しいとつい「ちょっと待ってて」「あとでね」と言ってしまうこともよくあります。たしかに親は忙しいのですが、このチャンスを逃すと、お子さんは「ああ、今は話せないな」とあきらめて、結局話すことをやめてしまいます。

話すことをやめてしまうと、自分の思考が深まらなくなってしまいます。会話というものは、言葉の習得という意味だけでなく、思考を深めるためにとても大切なもの。会話によって複雑な考え方ができるようになったり、自分の思いを言葉にして伝えることができるようになったりするものなのです。

たくさん話しかけられたお子さんは、話し出すのもとても早いです。ですから、**まずは日本語での基本的な言葉のやりとりや日常のコミュニケーションを怠らず、たくさん楽しい会話をしてください。その土台があってこその第二言語（英語）なのです**。

たしかに、言語を習得するには、どれだけその言語に触れたかが深く関わっています。ただ、英語に触れることによって日本語に触れる時間が少なくなるというよりは、どれだけ日本語で楽しくコミュニケーションをとれているかが重要になってきます。

言語を習得するには3つのステップが必要なのですが、それについてはチャプター5（170ページ）で詳しくお話しします。

日本語で楽しくコミュニケーションをしたうえで、ぜひ英語を楽しみましょう。

アメリカの脳神経科学者のリザ・エリオットさん（ロザリンド・フランクリン医科学大学シカゴ・メディカルスクール神経科学教授）によると、**子どもは幼いうちから状況に応じて言語を切り替えることができるので、心配ない**と言っています。英語と日本語は、頭の中の別々の引き出しに入ります。

また、幼いうちに英語に触れさせてしまうことで、ほかのお子さんとくらべて多少日本語に遅れが見られたとしてもそれ以上の価値があり、そのあとの日本語の習得には問題ないということでした。

おうち英語では、10割のうちの1～2割を英語にするのが目安です。たしかに家でも外でもずっと英語しか話さなかったら日本語の習得は崩れますが、おうちで楽しく英語に触れさせることは、メリットしかありません。

「やりたい」と思ったときが習得のチャンス

英語に触れるのに早すぎる、あるいは遅すぎるということはありません。

たとえば今あなたが英語をもっと話せるようになりたい！ と思ったら家で一生懸命英語の勉強をしたり、オンラインで英会話を習ったり、英語のスクールに行ったり、何か行動をとりますよね。行動すれば、何もしないよりは確実に英語はうまくなります。

子どもも同じです。英語に限らず、モンテッソーリでは「今やりたいものが、その子にとって必要なもの」という考え方があります。つまり、自分が今やりたいことは、その能力を伸ばしたいということ。それを無意識にちゃんと求めているし、やり遂げたいと思って頑張る時期がある。そしてやりきって満足したら、次のステップに移るのです。

たとえば**子どもがティッシュの箱からティッシュペーパーをどんどん出してしまう**いたずらをしているとします。お母さんから見れば子どもの「困った行動」であり「いたずら」です。「やめなさい！」と怒りたくなってしまいますよね。

でも子どもの目線で見ると、箱からティッシュペーパーが出てくるのが面白くて仕方ない。自分の手指を使って引っ張る感触も、ティッシュペーパーの手触りも、何もかもが刺激的。

そう、**お子さんは今、「手指を使いたい時期」なのです**。そうとわかれば、とことん手指を使った遊びをやらせてあげてください（ティッシュペーパーは困るので、ほかのおもちゃなどで代用してくださいね）。そして**手指を使って満足しきったとき、また次のものを求めて、自分の能力を伸ばしていきます**。

あるいは、子どもは歩けるようになると、次は階段の上り下りをしたり、ジャンプをして飛び降りたり、ちょっと難しいことをやりたがりますよね。階段の上り下りばかり繰り返していることもあります。それは「足腰を鍛えたい」時期だということです。

そして満足すると次の伸ばしたい能力へ。1年たっても階段の上り下りをし続けていることはないことからもわかるように、**やりきったら次に行く**のです。自分のやりたいことを選択し、伸ばしたい能力を伸ばしてやりきると、達成感が得られます。こうして心が満たされると人は次のことに挑戦したくなり、やりたいことを探します。**人はこうやって少しずつ成長して発達していく**のです。

子どもの能力が伸びているときは、とても集中しているのが特徴です。

子どもが遊びに没頭し、集中しているときは、まさにいろいろなことをグングン吸収し、能力が伸びているときなのです。**子どもが集中しているときは、表情を見るとわかります。**唇をとがらせ、時にはよだれが出ていても気づかないほど。乳幼児期から何かに没頭する体験を繰り返してきた子は、集中力がつくようになります。

私がモンテッソーリの幼稚園にいたころ、いつも落ち着きがないような子でも、「しーん」として遊びに没頭してしまう姿を何度も見てきました。

同じ遊びばかり繰り返していることもよくあります。そばで見ている親は、「ほかの遊びもしてみたら?」などと言いたくなってしまいますが、**集中しているときに話しかけてしまうと、子どもの集中力はプツンと切れてしまいます**。

英語に限らず、さまざまな遊びの中で、子どもが没頭してできるものを思う存分やらせてあげましょう。

それが結果的に**「ここぞ」というときの高い集中力**につながります。「やりたい!」と思ったときに凄まじい勢いでものごとを吸収する力も発揮できるようになるのです。

だから、**自分がやりたいと思うかどうかがとても大事**。やりたいと思ったときが習得のチャンスなのです。

もちろん何も情報がないのに子どものほうから「英語をやりたい！」とは言いませんから、**子どもが英語をやりたくなるような楽しい仕掛けをたくさん作る**必要はあります。その仕掛けに関しては、この本でたくさん紹介していきます。

子どもが嫌がったら、無理強いしない

子どもが英語を嫌がったら、どうすればいいのでしょうか。

よくあるケースが、親御さんだけが熱心なケース。最初は一緒にやっていたけど、途中で飽きてしまって嫌がってしまうこともあります。

結論から言うと、**お子さんが嫌がったら、無理をしないでお休みしましょう**。

私が主宰をしている輝きベビーアカデミーにも、英語が堪能で、実際にお子さんに英語を教えているインストラクターのママたちがたくさんいます。そんなインストラクターさんたちに、お子さんが英語を嫌がったエピソードを聞いたところ、いろいろなケースが出てきました。

モンテッソーリ教育を学ぶ前は、朝から晩まで英語で話しかけたり、いいと思ったものを子どもに無理やり押し付けたりしてしまうこともあったそうです。英語を話すと「ママ、怖い」「英語で話さないで」と言われたという人も。
ちょうど言葉を話し始める1歳頃だからこそ、「ママが聞きなれない言葉を話している」ということが敏感にわかってしまい、英語を嫌がることもあるでしょう。英語は日本語に比べてスピードが速く、とくに女性の場合には英語を話すときに声のトーンが低くなりがち、ということもあるかもしれません。

また幼稚園や保育園などに行ってお友達ができると、「日本語をもっとしゃべりたい」と思うようになり、英語から遠ざかることも珍しくありません。多くの子どもにとって、**母国語である日本語のほうが「マイブーム」になる時期がある**のです。
考えてみれば当たり前ですよね。日本語も英語も、もともと子どもにとっては未知の言葉。知りたいし話したいと思う気持ちは一緒。しかし外に出れば、お友達は日本語のほうをしゃべっているのですから。そんなときは無理やり英語をやらせなくてもいいでしょう。
ただし、英語をお休みしている時期でも、**どこかに英語がある環境を用意しておくといい**でしょう。嫌がるからといって英語をすべて生活の中からなくす必要はありません。英語への興味が薄らいでいる間は、**ゆるく続けるのもコツ**です。

たとえば英語は嫌がるけれども絵本が好きな子の場合、子どもが英語の絵本を持ってくるときだけ読んであげたという人や、寝る前に、日本語の絵本の中に必ず1冊英語の絵本を混ぜていたという人もいます。これも、英語の絵本が手の届くところにある、という環境があったからできることです。

また、英語をお休みしている間、聞こえるか聞こえないかくらいの音量で英語の歌のCDを流していたというママもいました。

モンテッソーリ教育を土台にして英語を学ばせると、子どもが英語を嫌がる、ということはなくなります。なぜなら、モンテッソーリの考え方は、これまでお話ししてきたように、「子どもがそのときやりたいものを自分で選ばせる」からです。

実際にモンテッソーリ教育を学んだあとのママやパパたちは、子どもをしっかり観察し、子どもが今何に興味を持っているかをキャッチしてやらせるようになったといいます。決して強制することなく、**子どものペースに合わせてゆっくり**、でいいのです。

お子さんを観察していると、文字に興味を持っていることがわかったというママがいました。お子さんがひらがなとカタカナをひと通り覚えたあと、アルファベットを学べるような環境（おもちゃや絵本、カードなど）を与えたら、自分から進んで覚え、いつの間にかアルファベットの読み書きができ、単語まで覚えてしまったそうです。

「私がやったのは、**子どもの興味に沿って、環境を用意しただけ**。必死で教え込もうとした時期に比べて労力もいらず、ラクです」と言っていました。

さきほど、「子どもの手が伸びるまで待つ」というお話をしましたが、英語の場合も同じです。**子どもがやりたいと手を伸ばすのを信じて待ちましょう。**親にとって、子どもを信じて待つことは、口で言うほど簡単なことではありません。でも子どもが手を伸ばしたくなるコツもあります。次の項で紹介します。

何よりもまずママ＆パパが楽しむこと

おうち英語で大切なことはたくさんありますが、「モンテ×おうち英語」を経験した親御さんが口をそろえて言うのは**「ママとパパが楽しむのがいちばん！」**ということ。

子どもが英語を嫌がったときはもちろん、**子どもに興味を持たせたいときは、親がただ楽しそうにしていること**がいちばん効果的です。

遊びで使うおもちゃもそうですが、ただそこに置いてあるだけでは、子どもはなかなか手を伸ばせません。「やり方がわからない」「ちょっと自分には難しそう」と思うと手が伸びないのです。

でも、ママやパパが楽しそうに遊んでみせると、小さな赤ちゃんでも自分もやってみようかな、できるかなと考えます。今の自分にとって必要だと判断したとき、子どもは初めて手を伸ばします。

英語を嫌がったり、興味が薄まってきたりしたときも同じです。お母さんやお父さんがただ楽しそうに英語の歌を歌ったり、英語の本を読んだりしていると、自然に子どもも興味を持ち始めます。

一緒に本屋さんに行って、わざと英語の本のコーナーに行って、ママが楽しそうに読んでいたら、子どもが英語の絵本に手を伸ばしたというケースもありました。

ママやパパが楽しむといっても、楽しそうな演技をしたり、子どもに興味を持たせようという下心があったりすると、なぜか子どもにはわかってしまいます。**ポイントは〝本当に〟楽しんでいること**にあります。

たとえば、おうちで子どもが英語の絵本を嫌がって離れてしまったとします。ここでママやパパは決して引き戻さないこと。「逃げちゃったけどまあいいか」くらいの気持ちで、親のほうは楽しく絵本を音読するのです。

親がリラックスした雰囲気で、本当に面白いと思うものを読んでいると、いつの間にか子どもが隣に来て一緒に読んでいるということがよくあります。

自分が楽しんで読んでいるとき、ママやパパは、つい「子どもはどうしているかな？」なんてチラ見してしまいがちですが、これはNG。チラ見の気配を察した瞬間、「引き戻そうとしている」という親の魂胆がバレてしまいます。**自分が楽しんでいるとき、子どものほうを見ない、目も合わせない、自分のことに没頭する、**これがコツです。

よくあるのが、親が楽しんでいるのはいいのですが「これ、面白いよ」「やってごらん」と誘ってしまうこと。意外に思われるかもしれませんが、これもNGです。

「面白いよ」と言葉で言わなくても、ただ楽しそうにやっている様子を見せることが大切なのです。

ただし、親が楽しんでいるときは子どもと同じ部屋にいるようにしましょう。たとえ子どもがほかの遊びをしていたとしても、親のやっていることはちゃんと聞いているし、見ています。

スクールでもよく、先生がやっていることにまったく興味を示さず、背中を向けて別の遊びをしている子がいます。でも、ときどきこちらの様子をうかがったり、聞き耳を立てたりしているのはわかります。その証拠に、あとでママから「家に帰ったら同じ遊びをしていました」と聞くことがよくあります。**子どもって「面白そうだな」と思うものは、その場でやらなくても見たり聞いたりして、ちゃんと吸収している**のだな、とつくづく思います。

ですから、子どもが興味なさそうにしていても、無理に引き戻そうとしなくても大丈夫。「きっと今、インプットしているときなんだな」と、お子さんを信じてください。**子どもに期待しすぎないことも大切**です。期待をしてしまうと、いざ子どもがやろうとしないとわかると、「やりなさい！」「ほら、やってみようよ！」などと強要してしまいがち。これが結果として子どもを英語から遠ざける原因になってしまいます。

そもそも「親が楽しむ」ことがどういうことかわからないというママやパパもいるかもしれませんね。

笑いの要素を入れると食いついてきたというお子さんもいます。

たとえば男の子のお子さんで、おならの音が出てくる面白い動画を見せたら、一気にハマって英語に興味を持ったという話もありました（ＹｏｕＴｕｂｅで「farts（おなら）」と検索すると面白い動画がたくさん出てきますよ）。

まずはママやパパが楽しそうに英語の歌を歌っているなど、楽しそうな雰囲気が醸し出されていればOK。チャプター5で紹介するような、ゲームなどのアクティビティを取り入れるのもおすすめです。

モンテッソーリ教育式　おうち英語の心得（チェックリスト）

ここまでモンテッソーリ教育とおうち英語についてのお話をしてきました。モンテッソーリ教育に初めて触れるママやパパにとっては、子どもへの接し方が今までと違うことにとまどってしまう人もいるかもしれませんね。

チャプター1のまとめとして、ここで改めてモンテッソーリ教育式のおうち英語の心得をチェックしてみましょう。

最初から全部できなくても大丈夫。「おうち英語」を進める中で、もしも子どもとの接し方に迷うことがあったら、このチェックリストのページに戻ってきてみてください。

□「やりなさい」と言わない
□英語ができることを期待しない

□子どもがやりたくなさそうなときはお休みする（無理にやらせない）
□間違っても訂正しない
□子どもがやりたいもの、興味があるものを自分で選ばせる
□子どもが集中していたら、邪魔をしない
□子どもが満足するまでやらせる（同じことを繰り返していてもOK）
□子どもを信じて、待つ（言うことを聞かせて親の思い通りにしようとしない）
□親子で一緒に楽しむ（ママやパパが楽しんでいることが大事）

「間違っても訂正しない」というチェック項目について補足をすると、**英語を勉強にしないこと、ママやパパが「先生」にならないということ**です。

英語が読めるようになると、子どもが単語を間違えて読んでしまうこともあります（たとえば“red”を“blue”と言ってしまう、“take”を「タケ」と読んでしまうなど）。でも基本的に親はスルーでOK。

もし「違うよ、○○が正しいんだよ」などと指摘してしまったら、楽しい気持ちはたちまちしぼんでしまいますし、やる気もなくなってしまいます。

間違いを訂正するより、今楽しんでいることに共感してあげましょう。そのうち、自分

で間違いに気づいて訂正するかもしれません。モンテッソーリ教育では、**失敗に気づいて自分で考え、やり直すこと**をとても重要視しているのです。

「モンテ×英語」だからできる世界に羽ばたく土台づくり

親が英語を通してお子さんに本当に望むことはなんでしょう。「英語が話せるようになること」だけでしょうか。決してそうではないはずです。英語を話し、海外の人ともコミュニケーションをとれる、その先にあるもの。それが、**自分で自分の好きな道を選び、自分の能力を思う存分発揮して、いきいきと世界に羽ばたき、活躍する姿**ではないでしょうか。

子どもへの英語教育というと、どうしても小さい子どもへの詰め込み教育、英才教育と思われがちです。実際に詰め込み教育の害を指摘する人もいますが、**問題なのはインプットの量ではありません**。親が「これをやりなさい、やるのよ！」となってしまうことが問題なのです。

モンテッソーリ教育では、ママやパパの子どもへの関わり方を大切にしています。

ここまで繰り返しお話ししてきたように、親は子どもがやりたいことを選び、そのとき伸ばしたい能力を伸ばせるようにサポートする存在です。親は子どもに強制的に英語をやらせようと、自分をがんじがらめにする必要はありません。

子どもが求めているものがわかれば、あとはそれを受け入れ、応えてあげるだけ。

英語が身につくことも大切ですが、その根底にあるのは、自分で考え、解決する力を持ち、自分を信じ、どんな人とも豊かなコミュニケーションがとれる**自立した大人になることです。**

そのツールとしてさまざまな遊びや道具があり、「おうち英語」もその1つなのです。

そう考えると、肩の力が抜けてきませんか？

難しく考える必要はありません。**モンテッソーリという土台あっての英語教育なら、英語は楽しく身につきます。**親自身も、子どもと一緒にリラックスして楽しみながらおうち英語をスタートしましょう。

Chapter 2

ゆる～く続ける「おうち英語」のコツ

おうち英語って一体何から始めるの？

このチャプターでは「おうち英語」が初めてというママやパパの不安や疑問にお答えしていきます。

そもそも「おうち英語」って何から始めたらいいかわからないという方も多いでしょう。いきなり英会話からスタートしてください、などということはありませんので、安心してくださいね。

さあ、今から英語で話しかけましょう！と言っても難しい。そこで**最初の一歩、語りかけでおすすめなのが絵本**です。ママやパパが英語を発するのはハードルが高いものですが、ごく簡単な絵本を読むことなら今すぐできるはず。

また、動画も子どもが楽しみやすく、抵抗がないのではないでしょうか。動画で英語の歌を流して、ママやパパが楽しそうに歌ってみましょう。

このときも、「子どものために、なんとか歌わせなくては！」などと気張らずに、**ママ**

やパパが好きな歌、歌いやすい歌でOKです。大切なことなので何度も繰り返しますが、**親がリラックスして楽しんでいることがいちばん**だからです。

日本では英語をせっかく覚えても、披露する機会もなければ、身近に英語を話せる人もあまりいません。アウトプットする場が圧倒的に少ないので、せめて家庭ではたくさんアウトプットさせてあげましょう。英語の歌を歌うことは、絶好のアウトプットのチャンスになります。

英語の歌を一緒に歌うのもおすすめなのですが、**親子で一緒に楽しめるのが手遊び歌**。子どもたちは日本の手遊び歌も大好きなのですが、意外とママたちは手遊び歌を知らない人がほとんど。英語の手遊び歌ならなおさらです。でも今は、YouTubeなどで「英語 手遊び歌」で検索すればすぐに出てきます。

いくつか一緒にやってみて、子どもが気に入ったものがあれば、何度でも一緒にやってみましょう。

手遊び歌のいいところは、歌だけでなく手を使うところ。

手指は第二の脳と言われています。小さいうちにたくさん手指を使うことは、脳を刺激し、発達させることにもつながります。

「動画を流したり、CDを聞かせたりしているけれど、反応が今ひとつ……」

こんなママ、パパの声も聞きます。

最初のうちは英語をインプットするだけで十分です。

たとえば、英語の歌を流して、子どもがまったく歌わなくても大丈夫。チャプター1でもお話ししたように、「ほら、一緒に歌ってごらん」などと促す必要はありません。そのときの子どもがまだ、英語で歌を歌う能力が備わっていないときに無理に歌わせようとすると、子どもは自信をなくすばかりか、英語も歌も嫌いになってしまいます。

子どもは大量のインプットの時期を経て、アウトプットしていきます。日本語の獲得を考えてみればわかるように、その言語がわからないのに、いきなり歌うことはできませんよね。**子どもは歌えるときが来たら歌いますし、言葉を発することができるときが来たら発するのです。**

ママやパパはただただ、楽しそうに歌ったり踊ったりすればいいだけ。それを子どもがぼーっと見ているように見えたとしても、**ちゃんと見ていますし、聞いています。**

またお子さんが英語に抵抗がなく、興味を持ち始めたら、**子どもが好きなアニメなどを英語で観るのもおすすめ**しています。

ある生徒さんのママから、お子さんが英語をやりたがっているというご相談があったので、アニメを英語で観ることをおすすめしたら、これがドンピシャ！　お子さんがすっかりハマってしまったそうです。あるとき子どもに“How many?”（いくつ？）といきなり質問されて、驚いたとおっしゃっていました。

好きなアニメなら、絵から情報が入ってくるので、英語が浸透しやすいのかもしれませんね。

自分で絵本を探したり、動画を検索したりするのも難しい……という人は、市販のおうち英語教材を使うのも、もちろんアリです。

このほかにも楽しめる方法はたくさんあります。具体的な絵本の読み聞かせや、英語での声かけフレーズ、ゲーム・アクティビティなどについては、このあとのチャプターで紹介していきます。

英語力や発音に自信がないママ＆パパでも大丈夫！

「自分の下手な発音で話しかけても大丈夫？」
「もともと英語は苦手。こんな私が子どもに英語を教えていいの？」
とてもよく聞かれる質問です。

自分が英語が苦手だったからこそ、子どもに同じ思いをさせたくない、という親御さんもいるでしょう。せっかく子どもにネイティブの発音を教えたいのに、自分が話すと台無しになってしまうのでは……そう心配する気持ちもわかります。

でも、心配ありません。**子どもは、親と一緒に何かをすることが楽しいし、楽しいから覚えるのです。**

たとえば英語の歌を流しておくだけで英語が覚えられるかというと、そうではありません。赤ちゃんのときは、機械の音（CDの音など）に反応しない、ただのかけ流しは意味がないという研究もあります。言語習得においては、ママやパパなど、人が一緒にかかわることで覚えるのです。

とくに0歳代の赤ちゃんの場合、ママの声の効果は大きいようです。お腹の中でずっとやさしいママの声を聞いていたので、安心感があるのではないでしょうか。

実際、家庭でいつも同じ英語の歌をフルコーラス流していて、その歌の1番の歌詞だけを親と一緒に歌っていたお子さんがいたのですが、お子さんが覚えたのは1番だけ。2番以降は歌えなかったということがありました。だから、**ママやパパ自身の声を聞かせることがとても重要**なのです。

CDで歌を流しているときでも、その音にかぶせてママやパパが一緒に歌うようにしましょう。一緒に歌うことで、子どもは自然に歌を覚えるのです。

親の発音が悪くても大丈夫。CDやDVDは、基本的に正しい発音、正しい英語が使われていますから、CDと一緒に歌えば、発音は十分にカバーできます。

しかも、**子どもは耳がいいので、発音がいいほうを選びとる力をもっています**。最初は親よりもつたない英語をしゃべっていても、そのうち親よりいい発音を発して、びっくりさせられるかもしれませんよ。

頑張りすぎはNG！ ゆる〜く続ける

子どもに英語を身につけさせたいと思うと、どうしても親は熱が入ってしまうもの。でも、四六時中、英語に触れさせるのは無理ですし、親だって疲れてしまいます。

頑張りすぎると続けることが難しくなってしまいますし、子どもの反応がイマイチだったために、親の英語熱が冷め、あきらめて止めてしまったという話もよく聞きます。止めるだけならまだしも、無理やりやらせようとして、結果的に子どもを英語嫌いにさせてしまっては本末転倒です。

とくに英語教室や塾ではなく「おうち英語」の場合は、ママやパパのモチベーションを保つことが必要になります。だから、子ども以上に**親が無理をしないことが大切**なのです。

おうち英語のポイントは、**長くゆる〜く続けること**。英語だけではありませんが、**言語を習得するためには、とにかく継続することが大事**です。

先ほども少し触れましたが、主宰している「輝きベビーアカデミー」では英語が堪能なインストラクターのママたちがたくさんいます。バイリンガルの方、留学経験のある方、独学で学んだ方など背景はいろいろですが、英語が堪能なママが家庭でどんなふうに子どもに「おうち英語」を実践しているのか、気になりますよね。

朝からずっと英語を話しているのか、英語タイムを決めてきちんとやっているのか……。ところが話を聞いてみると、どのママたちも驚くほどゆるく実践しています。

もちろん最初からうまく実践できていたわけではなく、なかには、ママ自身が英語がペラペラなだけに、自分のやり方を子どもに押し付けて、一時的に英語嫌いにさせてしまったなど、失敗談もありました。そういった失敗を経てたどりついたのが、**「長くゆる〜く」**なのです。

長くゆるく続ける具体的な方法として挙げられるのが、**「英語を使うシーンを決める」**ことです。つまり、どういうときに英語を話したり歌ったり、英語に触れるのかをある程度決めてしまうこと。

1日中英語に触れ続けるわけにはいきませんし、ママとは英語、パパとは日本語などと、人によって分けることもできません。また、「遊びのときは英語」とするのも、日本語の習得も合わせて考えると、難しいでしょう。

おすすめは、**「お風呂タイム」や「車に乗っているとき」「保育園の送迎のとき」だけ英語にする、寝る前に英語の絵本の読み聞かせタイムをつくる**など、1日の中で、ほんの少しの時間を**イングリッシュ・タイム**にすること。

シーンを特定するメリットは2つあります。1つは、子どもの英語スイッチが入りやすいこと。2つめは、使うフレーズが限られているので、親も子どもも話しやすいことです。「おうち英語」をやっていると言えるかどうかわからない程度のゆるさでも、やわらかい頭を持っている子どもは、まるでスポンジのようにしっかり吸収してくれます。

もちろん、**それぞれの家庭に合ったやり方でかまいません**。英語に慣れ、子どもがもう少し話したそうにしていると思ったら、機会を増やすなど、臨機応変にしましょう。「最初にこうだと決めたから、変えられない」などと思う必要はないのです。

「長くゆるく」に加えて、もう1つ共通していたのが、チャプター1でもお話しした、**「ママやパパが楽しむこと」**。

もちろん「おうち英語」は子どものためにやるものですが、その根底には、ママやパパが「面白い」「楽しい」と思っている気持ちが大事なのです。そうでないと、義務感ばかりが先に立ち、親もつらくなってしまいます。そのつらさや焦りは、必ず子どもに伝わります。とても不思議なのですが、**親が楽しくしていると、子どももラクに英語に触れることができます**。するといざ英語を使う場面になったら、ためらうことなく英語を使うことができるようになるのです。

親が忙しくて余裕がないとついイライラしてしまいます。スケジュールを詰め込みすぎず、物理的にも精神的にも余裕を持ちましょう。長くゆるく続けていく中で、ママとパパの英語力も自然に上がっていきますよ。

英語に触れていく中で、お子さんが英語をやりたがらない時期もあるでしょう。先にもお話ししたように、そういうときは無理してやらせなくても大丈夫。楽しく英語に触れさせる工夫は必要ですが、決して頑張りすぎないで。

子どもが英語をやりたがらない時期は、寝る前に1冊だけ英語の絵本を読む、さりげなく英語の歌を流すでもいいですし、ママやパパが好きな海外ドラマを観て大人が楽しんだり、ママやパパが好きな英語の歌を流して口ずさんだりするのもいいでしょう。

子どもを飽きさせない「おうち英語」のコツ

おうち英語は続けることが大事なのはわかったけれど、子どもが飽きちゃったりしない？　親からすれば、当然の疑問です。

子どもに飽きさせないためには、ママやパパが少し工夫をすることが必要です。

モンテッソーリ教育では、「敏感期」というものがあります。**敏感期をわかりやすく言い換えれば、その子の「旬」であり「マイブーム」。**

子どものそのときの「旬」をうまく取り入れて工夫することで、飽きることなく、集中して取り組むことができます。

キラキラしたものが好きな女の子のママに聞いた話です。

ママが英語の絵本を読んであげていると、**「これは英語でなんて読むの？」「この字はな**

に？」と何度も聞いてきたというのです。これは、「文字」に興味を持ち始めた証拠。文字がその子にとっての「旬」だということです。

このタイミングを逃さないようにと、ママが急いで100円ショップで購入したのが、キラキラしたアルファベットのシールと、マグネット。その子はまだ、文字を書くには難しい時期だったので、キラキラのシールでたくさんアルファベットに触れさせたそうです。案の定、とても楽しそうに集中して遊びながら、アルファベットを全部覚えてしまったといいます。

もし、ここでママが、「文字に興味を持っているみたいだから、文字を学ばせよう」と、教材などを使ってアルファベットを覚えさせていたら、どうだったでしょう。楽しくはなかったでしょうし、英語が「やらされるもの」になってしまい、その先も続いたかどうかわかりません。

子どものそのときの「旬」×「好きなもの、楽しいもの」は最強です。

それにはほんの少し親の工夫が必要ですが、お金をかけずに楽しい要素を加えれば、子どもは英語を勉強ではなく、楽しい遊びとして、ぐんぐん吸収していきます。子どもが英語に興味を持ったときにすぐに対応できるように、ご紹介したシールのようなものや絵本、CD、おもちゃなど、子どもが好きなもので、かつ英語で遊べるストックをいくつか用意しておくと、あわてないですむでしょう。

では、子どもの「旬」は、どうやって見つければいいのでしょうか。

難しいことではありません。答えは**「子どもをよく観察すること」**。これは、**モンテッソーリ教育の基本**でもあります。

子どもを観察するといっても、じーっと監視したり、手出し口出しをするという意味ではありません。たとえば子どもがテーブルをバンバンたたいていたら、親から見たら困ったことですが、きっとその子にとっては「たたくこと」が旬であり、マイブーム。**手を使うことが面白く、たたくことによって音が出ることや、手にあたる感触が楽しいのかもしれません。**それがわかったら、今度は親が工夫する番です。英語の手遊び歌を調べてみよう」「手をたたきながら歌える、リズムのいい英語の歌ってあるかな？」などと探すことができます。ものを並べることにハマっているなら、英語のおもちゃを用意して並べてみたり、パズルにハマっていたら、英語パズルを用意してみたり。

英語に限らず、子どもが好きそうなもの、興味があるもの、楽しめそうなものを知っておきましょう。実はこういったことは、普段から子どもを観察していないと、親でもわからないものなのです。

どうやったら子どもが喜ぶか、動きのあるゲームが好きなタイプなのか、座って何かを見るのが好きなタイプなのか。**子どもが喜ぶものこそが、子どもが求めているものです。**

さきほどのキラキラのシールもそうですが、子どもの旬に合わせて何かをやらせようとするときは、レベルも重要です。そのときの子どもにとって**簡単すぎるのも難しすぎるのもダメ**。

簡単すぎるとつまらなくてすぐに飽きてしまいますし、難しすぎると「自分にはできない」とあきらめてしまいます。子どもがいちばん喜ぶのは、**今の自分のレベルよりは少し高い、ちょっと頑張ればできるもの。少し背伸びをすれば届くようなもの**です。

「これをやりたい」と思ったときの子どもって、目がキラキラしているんですよ。

ほかの子と比べたりしないで、その子の成長や発達に合わせたものを与えてあげましょう。子どもの小さな「できた!」の積み重ねは自信につながり、自信がつけば、もっとやりたい! というやる気の元になります。それを繰り返していけば、飽きずに続けることができるのです。

ママとパパで意見が違うのも当たり前

最近はママとパパが一緒に協力して、子どもに英語を学ばせたい、小さいうちから英語に触れさせたいという人も増えています。

一方でよく聞くのが、ママだけが英語に熱心で、パパはあまり興味がないというケース。パパのほうは「おうち英語」に絶対反対ではないけれど、協力的ではないというご家庭も多いようです。また、高額な英語教材をめぐって夫婦で対立してしまったという話も聞いたことがあります。

「小さい頃から英語に触れさせておいたほうがいい」というママの意見に対して、「小学生から学校で習う英語で十分、今からやらせる必要はない」「日本語ができれば問題ない」というパパの意見もあるようです（もちろんその逆もあります）。

夫婦であっても意見が異なるのは当たり前のこと。

子どもは成長していく中で、さまざまな価値観があるということを知ります。まず**いちばん最初に触れるのが家族の価値観**です。ママとパパという同じ家族の間でも意見が違うことがあり、それを**お互いに受け入れること、尊重することが大事**だと身近に見ながら学んでいくでしょう。

モンテッソーリ教育では「子どもに選ばせる」ことが重要というお話をしましたが、**英語に触れさせることは、子どもの選択肢を増やすこと**につながります。

将来、自分の進む道を決めるのは子ども自身です。その判断材料として、いろいろな価値観に触れ、視野を広げてあげることはとても重要です。さまざまな価値観の人たちと触れ合い、刺激し合える環境を提供してあげること、そのスタートに「おうち英語」があるのだと思います。

「おうち英語」を始めると決めたなら、夫婦それぞれの意見を受容しながら、ぜひ協力し合っていきましょう。

子どもの興味の「旬」を知って、英語の才能を引き出す

モンテッソーリ教育には、「敏感期」があるというお話をしました。

子どもの成長過程で、「この時期に、この能力が発達する」という旬の時期がありま

す。これが「敏感期」です。

年齢的には6歳までが大事な時期とされていて、中でも**将来の人格や人生の土台になるような発達の敏感期は、3歳までに強く現れる**と言われています。

敏感期は生物学者デ・フリースによって発見され、生物が生まれながらにして持つ能力を発揮する、ある限られた時期のことを言います。モンテッソーリ教育では、この敏感期が人間にもあてはまると考えます。

生まれたばかりの赤ちゃんが人間として大きく成長していく0～6歳の時期に、さまざまな能力が顕著に現れるということです。言い換えれば、**子どもには、ある能力が発達する〝旬〟の時期が生まれながらにプログラムされている**ということなのです。

敏感期には「運動」「感覚」「言語」「数」などいくつか種類があります。

日本語や英語のような「言語」の敏感期は、子どもが言葉を話したくて仕方ない時期です。この時期に言語にたくさん触れることで、子どもは言語を話せるようになります。赤ちゃんのころはまだ自分から言葉を発することはできませんが、大人がたくさん話しかけることでどんどんインプットしています。そしてあるとき、突然言葉を話せるようになります。

中学生になってから英語の勉強を始めてもなかなか身につかないものが、この時期に英語に触れることで簡単に身につくのは、このような理由があるのです。

また「感覚」の敏感期は、触覚、視覚、聴覚、嗅覚、味覚といった五感が発達していく時期。

言語の習得には、「聴覚」もとても重要な要素です。経験上、耳のいい子は言語の習得にも優れていると感じます。敏感期には、質のいい音楽に触れることも大切です。できればデジタル音よりはママやパパの声、そして生の楽器の音に触れさせることができればベター。クラシックなどを聞かせるのもおすすめです。

では、そのような能力はどうやって引き出され、伸びていくのでしょうか。それにはまず、**子どもがいちばん「この能力を伸ばしたい！」という時期に、その環境を与えていくこと**が必要です。

たとえば、子どもが引き出しの中のものを引っ張り出したり、床に落ちているゴミをつまんだりし始めたとき。一見するとただのいたずらですが、実は「引っ張る」「つまむ」能力を伸ばしたいときなのです。手指を使った「引っ張る」「つまむ」などの能力の場合、思う存分その能力を伸ばせる環境を、遊びを通して与えます。ひもを引っ張り出して遊ぶおもちゃや、小さなビー玉をつまむ遊びを楽しくしていく中で、手指の能力を育てます。

こうして楽しい遊びの中でコミュニケーション能力や表現力、集中力も育っていきます。親と一緒に歌ったり踊ったりすることでリズム感やバランス感覚、リスニング力が鍛えられることもあるでしょう。

これらはあくまでも1つの例です。これ以外にも、子どもは楽しい遊びを通して多くの能力を伸ばしたいと思っています。

そしてそれは「おうち英語」でも同じです。ここまで繰り返し「おうち英語は楽しく」とお伝えしてきているのは、子どもが楽しい遊びを通して吸収していく生き物だからです。

今、**子どもが「敏感期」かどうか見分けるポイントの1つは、その遊びに没頭しているかどうか**です。おもちゃや道具に集中し、話しかけても振り返らないくらい黙々と取り組み、何度も同じ作業を繰り返している。このような状態を、私はよく**「フローな状態に入っている」**といっています。「フロー」とは、完全にのめり込んでいる状態という意味です。

この「フロー状態」は、敏感期によく見られる現象です。

子どもが自分の持っている能力を最大限に引き出すには、乳幼児期にどれだけこの「フロー状態」を経験しているかが大切です。

フロー状態をたくさん経験した子は、何をするにしてもものすごい集中力を発揮します。勉強やスポーツ、音楽はもちろんのこと、海外で初対面の人と話すときなど、何か新しいことに取り組むときも物怖じせず、高い成果を発揮するようになります。

先述したように、3歳までに脳の神経細胞のネットワークのほとんどが出来上がります。脳の神経細胞が繋がる時期と敏感期は重なっています。この時期にさまざまな遊びを経験すると、脳の潜在能力が引き出されるのです。

次の2ページで「0歳から6歳の『敏感期』一覧表」を掲載しています。それぞれの敏感期に子どもが見せるサインや、その時期の「おうち英語」のポイントを確認してみてください。

0歳から6歳の「敏感期」一覧表

子どもの興味の「旬」をとらえて適切な時期にその環境をととのえるためには、敏感期についての予備知識も大切です。ここでは、子どもが見せる敏感期のサインと、「おうち英語」の観点からママやパパができることを一覧にしました。

話し言葉の敏感期〔胎児（7カ月）～3歳前後〕

子どものサイン	おうち英語のPOINT
●同じ音を繰り返す ●言葉にならない発声をする	とにかくインプット。お腹の中にいる頃から、たくさん話しかけてみて。英語のCDなどの音声を流しながら、ママやパパが楽しんでリピートしてみましょう。

書き言葉の敏感期〔3歳半ば～5歳半ば〕

●「“あ”の字はどれ？」など文字に興味を示す	英語の絵本を読み聞かせしながら、一緒にアルファベットをなぞってみましょう。

数の敏感期〔3歳半ば～5歳半ば〕

●階段、エレベーターなどで数を数える ●100、1000、1万など大きな数字に興味をもつ	お風呂タイムに、湯船につかりながら「何秒入っていられるかな？」と言ってone, two, threeと英語でカウントしてみましょう。また、身近な数えられるものを集めて、one, two, threeと数えながら手にとって「数えたもの」と「数えていないもの」にグループ分けすると、数の概念が身についていきます。

感覚の敏感期〔0歳～6歳〕

●いろんなものを触る、口に入れる ●同じ色や形のものを並べる ●お外遊びでポケットにいろんなものを入れる	色鮮やかな英語絵本を一緒に読みながら、色（red, blueなど）をインプットします。また、おうちの中にある家具・家電などで「これは○○ちゃんより大きいね（This is bigger than you.）」と大きさや高さを比較してみるのもいいでしょう。

子どものサイン	おうち英語のPOINT
運動の敏感期［6カ月～4歳半ば］	
●握る、つまむ、などの指先の動きが活発になる ●椅子の上などで立ちたがる ●重いものを持ちたがる	おうちの中で床に紐を2本並べて、「2本の線の中を歩こうね（Let's walk between the two lines.）」を言って一緒に歩いてみると、バランス感覚が育ちます。 重いものを持ちたがる時には、小さいお盆を用意し「このお料理をテーブルまで運んでもらえる？（Can you take the food to the table?）」と言って、お料理を食卓まで運ぶお手伝いをしてもらいましょう。
秩序の敏感期［6カ月～3歳前後］	
●2歳前後のイヤイヤ期 ●同じ場所や順序にこだわりを見せる	「おもちゃはここにしまって（Put your toys in here.）」、「絵本はあそこに置いて（Put your picture book there.）」など、お片付けの場所をインプットするチャンス。
文化の敏感期［6歳～（9歳頃）］	
●空想のお話を始める ●昆虫、恐竜、楽器、ダンス、スポーツなど、個々の興味がはっきりしてくる	英語のピクチャーディクショナリーや図鑑などを読んでみましょう。世界地図や地球儀で「日本はどこかな？（Where is Japan?）」などと質問してみてもOK。お子さんが何に興味を持っていそうか、注意深く見守りましょう。

年齢別！ 0歳〜6歳までの「おうち英語」

このチャプターの締めくくりとして、0歳から6歳までの「おうち英語」の流れを確認します。それぞれの年齢別に「子どもができること」と「(おうち英語で) 親にできること」をまとめました。

楽しい雰囲気で英語で話しかけたり歌を歌うことは、年齢を問わず有効です。

子どもの興味や関心を観察しながら、徐々に英語のインプットからアウトプットへ移行していきましょう。

0歳

【子どもができること】

・なんとなく言語を聞いて違いがわかる
・歌っている口を見て、動かすマネをする
・クーイング（「あーあー」などの単音を伸ばした発声）で声を出す

・ママ、パパの声をしっかり聴き分けて認識している
・五感（視覚、聴覚、嗅覚、味覚、触覚）が伸びる
・リスニング力（リズムや音、発音の聞き分け）が伸びる
・クーイングを通じて、どの言語にも応用できる言葉の土台がつくられる

【親にできること】

・たくさん英語で話しかけたり歌いかけたりする（CD音声の後追いでもOK）
・英語の韻を踏んでリズム遊びをする（knight- hight- right や frog- rock- clock など）
・赤ちゃんの手に触れながら英語の手遊びをする
・生後4カ月くらいからフラッシュカードを始める

1歳

【子どもができること】

・大人の言葉をオウム返しする
・単語が1個、2個言えるようになる
・絵本を見て物の名前を言う

・日常でよく使う英語（up, down, jump など）を理解して行動する
・理解している物を指差しする
・ことばと行動が連動して記憶として残るため、より理解力が発達する
・物と名前（単語）が一致する

【親にできること】
・さまざまな英語の絵本や歌にふれて、お気に入りを探す
・お気に入りが見つかったら、同じ絵本や歌で飽きるまで（1～2カ月）繰り返し遊ぶ

2歳

【子どもができること】
・2語文が話せるようになる
・色、形、大小、長短などがわかるようになる
・形容詞を使うようになる
・いろんなことを自分でやりたがる
・「これなあに？」と物に対して興味を持つ

・大人の動きをマネする

【親にできること】

・Head Shoulders Knees & Toes などの歌を歌いながら、ボディーパーツをインプット
・フラッシュカードで語彙を増やす
・一緒に絵本を読んで、イラストを指さしながら英単語をインプット
・簡単な英単語を言って、その物体かフラッシュカードにタッチしてもらう

3歳

【子どもができること】

・4~5個の言葉をつなげて、文章として話せるようになる
・「なんで?」「どうして?」と原因や理由について聞いてくる
・よりアクティブに身体を動かすようになる
・物事をやり抜く集中力がついてくる

【親にできること】

・歌のメロディに合わせて、walk, jump, stop などの動作を子どもと一緒にしてみる

・質問攻めにあったら、子どもと一緒に調べる（絵本、図鑑、インターネットなど）
・アニメなどで見た英語の歌や手遊びを日常生活の中に取り入れる
・文字に興味がありそうだったら、AからZまでのアルファベットを見せてみる

4歳

【子どもができること】

・自分が経験したことや感じたことを話すようになる
・バランス感覚が発達して、片足立ちなどができるようになる
・英語でも簡単な質問に対して答えることができる
・数字で1から100まで数えられる

【親にできること】

・英語ゲームのサイモン・セッズ（186ページ）で遊ぶ（子どもに指示出しをしてもらう）
・身の周りの物を英語で一緒に数えてみる
・絵本やピクチャーディクショナリーを見せて英単語をインプットしたあと、実際の物

とマッチングさせる
・すでにアルファベットを覚えている子にはフォニックスの歌を流す

5歳

【子どもができること】

・しりとりやなぞなぞ遊びを好むようになる
・語彙力が伸びる
・動きがよりスピーディーになり、木登りなどもできるようになる
・手先が器用になり、粘土遊びなどで自分のイメージを表現できるようになる

【親にできること】

・英語でしりとり風に遊ぶ（174ページ）
・料理や掃除など家事を手伝ってもらいながら、やさしい英語で語りかける
・絵本の読み聞かせでは"What do you think?"（どう思う？）などと質問して、子どもの想像力をどんどん膨らませる
・アルファベットを一緒に書いてみる

6歳

【子どもができること】

・自分が考えていることを話せるようになる
・相手の話題に合わせて話をつなげることができる
・協調性が伸びて、友達と一緒に遊ぶことが増える

【親にできること】

・社交性が伸びる時期なので、機会があれば英語のネイティブスピーカーと交流を持つ
・絵本好きな子には、リーディング力を伸ばす多読用の絵本を用意する

Chapter 3

魅力いっぱい！
英語絵本の
読み聞かせ

絵本は「英語の才能」を引き出す効果が抜群！

絵本は、小さい赤ちゃんのうちから「おうち英語」で使える、とても楽しいツールです。

いちばんのメリットは「親子で一緒に楽しめること」でしょう。英語で語りかけることになんとなく気恥ずかしさを覚えがちなママやパパでも、絵本というツールを使えば取り組みやすいでしょう。

なんといっても絵本の読み聞かせでは、いま大学受験で求められている**英語の4技能「リーディング（読む力）」「リスニング（聴く力）」「スピーキング（話す力）」「ライティング（書く力）」**を養うことができます。

ママやパパの読み聞かせの声を「聴く」、そして**アルファベットを目で追いながら「読む」**、**聴いた音を口に出して「話す」**、絵本上の**文字を指でなぞって「書く」**。この4つの力が自然に身につき、それぞれの力を伸ばすことができるのです。

しかも、子どもにとっては「英語の勉強」をしている感覚はありません。ママやパパの優しい声を聴き、安心感に包まれながら、絵本という遊びを通じて自然と英語が身につくのです。

簡単な絵本ではあっても毎日のように英語に触れることによって、親のほうもメリットがたくさんあります。

今まで日本語で話していたのに、あるときから急に親が英語で話しかけるのは不自然な部分もありますが、絵本を毎日読むことで英語に抵抗がなくなり、日常生活でも絵本で出てきたフレーズで子どもに話しかけることができたというママも。また、学生時代に学んで以来、久しぶりに英語に触れたことで外国の文化に関心を持ち始めたというケースも。

実際、子どもと一緒に英語に触れたことをきっかけに、海外の映画を字幕なしで観るようになった、海外の料理番組を観ながら料理をつくるようになった、という親御さんの声もあります。

絵本はやさしいレベルの言葉で書かれていますが、たとえば cat と hat, cake と make, wet と pet のように韻の踏み方などが工夫されているものも多く、英語独特のリズムに幼いうちから慣れさせることができます。

このように同じ韻（Rhyme）を持つほかの単語（Word）のことを Rhyming Word（ライミングワード）といいます。

実際、アメリカの小学校などでは低学年のころに、このライミングワードの勉強をします。同じ韻を持つ単語を探したり、グループ分けしたりするのです。絵本を読むことで、日本にいながら、アメリカのお子さんが勉強しているようなライミングワードを知り、**同じ韻かどうかを聞き分ける耳が、自然にできていく**というわけです。

そして慣れてきたら、子ども自身も、絵本の中のフレーズを日常会話で使うこともできるようになるでしょう。

お気に入りの絵本は何度も繰り返し読むものですが、繰り返し読んだ絵本の内容を子どもが暗記してしまうことは、日本語の絵本の場合でもよくあります。英語の絵本の場合も同様です。むしろ、**リズム感のある英語の絵本のほうが、暗記してしまうことが多い**のではないでしょうか。

ある日突然、子どもの口から絵本に出てくる英単語や、簡単な英文が発せられることもあるかもしれませんね。

さらに英語の絵本を見るとわかるのですが、色使いが日本のものとは全然違います。とてもカラフルで、子どもの目にも楽しいのです。**鮮やかな色を目にすることで、色彩感覚を育むこともできる**でしょう。

まずはリーディングとリスニングで英語をインプット。

リスニングした音を口に出してみたり、文字を指でなぞってみたり、絵本はアウトプットのスタートにも最適です。

英語が苦手なママ＆パパにもおすすめ

絵本のいいところはまだあります。

それが、英語が苦手なママやパパでも、まったく問題なく「おうち英語」がスタートできるということ。

英語力にあまり自信がないママやパパでも、絵本なら読んであげることはできるはず。なんといっても絵本ですから、語彙が圧倒的にやさしいのです。発音などはあまり気にせず、どんどん読んであげましょう。

読み聞かせは、英語にしろ日本語にしろ、子どもの隣にいて、ママやパパの声で読むことです。

正しい発音で読むことよりも、親が自信を持って、そして楽しそうに読むことのほうがずっと大切です。

発音が気になるママやパパには、ＣＤつきの絵本もあります。ＣＤを流しながら一緒に読むと発音はカバーできます。また、インターネットで絵本のタイトルを動画検索すると、読み聞かせ動画もたくさんアップされています。ＣＤや動画を使えばリスニングや、発音の土台作りにもなります。

いきなり英語で話しかけることには抵抗があるママやパパも、ぜひ絵本の力を借りてください。

先ほどもお話ししましたが、同じリズムやフレーズが繰り返されるものも多いので、聞いているうちに子どものほうが覚えてしまいます。

親が読み聞かせるだけでなく、子どもと一緒に読めるようになったらもっと楽しいですね。英語の絵本に限りませんが、かわいらしい絵や仕かけのある絵本は、子どもとのコミュニケーションを楽しくしてくれます。

「おうち英語」は長くゆるく続けることが大事だとお話ししましたが、忙しくてなかなか続けられないというママやパパも、**寝る前の絵本タイムに英語の絵本を取り入れることで、習慣化しやすい**のも大きなメリットです。

どうしたら子どもは英語の絵本に興味を持ってくれる？

親のほうが絵本を読み聞かせたくても、子どもが興味を持ってくれなければ意味がありませんません。
どうしたら子どもが絵本に興味を持ってくれるのでしょうか。
輝きベビーアカデミーのインストラクターでおうち英語を実践しているママたちに教えてもらった方法を紹介しましょう。

英語の絵本と日本語の絵本を区別なく混ぜて置いておく

英語の絵本と日本語の絵本を分けて置こうとするのは、実は大人目線の考え方です。子どもは日本語か英語かは関係なく絵本を選びます。
むしろ、英語の絵本と日本語の絵本を混ぜて置いておくことで、子どもはごく当たり前に英語に触れ続けることができます。これが、英語を特別視しないということにつながります。
英語の絵本だけでなく日本語の絵本も読んであげたい、あるいは英語の絵本だけだと子どもが嫌がってしまう場合は、**日本語の絵本を3冊読んだら、1冊は英語の絵本にするなど、ルールを決めておくと習慣化しやすい**でしょう。子どもが約束できる年齢なら、親の都合で決めるのではなく、子どもと約束して決めましょう。

子どもの手が届くところに絵本を置いておき、子どもに選ばせる

モンテッソーリ教育では、おもちゃなどの道具は子ども自身に選ばせ、遊び終わったら**子どもが自ら元の場所に戻す**ようにしています。きちんと教えれば、1歳半くらいの子どもでも、ママやパパに手助けをしてもらいながら、自分で出し入れすることができます。

先ほど、英語の絵本と日本語の絵本は混ぜて置いておく、というお話をしましたが、絵本があちこちにバラバラに置いてあるのはNGです。

モンテッソーリ教育では秩序を大事にしますから、**「絵本が置いてある場所」は固定したほうがいい**でしょう。「いつも同じところに同じものが置いてある」ことが大事なのです。すると、子どもが好きな絵本を選びやすくなります。

子どもが好きな本を選び、出し入れするためには、出し入れしやすいことがとても重要です。これがモンテッソーリ教育の「環境設定」と呼ばれるもの。

たとえば、絵本の棚の位置が背伸びしないと届かない高さだったり、逆にかがまないと取れないような低い位置だったりすると、絵本に触れようとしなくなるでしょう。**そのときの子どもの身長や能力に合わせて、いちばん取り出しやすいところに設定してあげましょう。**

絵本が本棚にぎゅうぎゅうに詰まって差し込んであったりすると、子どもの力では取り

出せません。絵本を立てず、そのまま重ねるように積み上げて置いてしまっては、下のほうの本は取り出せません。**棚の場合も絵本の上のほうに余裕があることと、絵本同士がくっつきすぎず、子どもが本を取り出しやすくすることも必要**です。細かいことですが、これがとても大事です。

また英語の絵本がたった数冊しかなければ、子どもに選ばせる余地がありません。子どもが飽きてしまったら、絵本を読んでもらうことがまったく面白くないものになってしまいます。そのためにも、子どもが読みたい本を自分で選べるようにしてあげましょう。

たくさん選べるほど絵本を用意できないという場合は、図書館に行って、一気にたくさん借りてきてもOKです。その中からお気に入りが見つかったら、あとで購入してもいいでしょう。

小さいうちは、見てわかりやすい絵本を選ぶ

とくに子どもがまだ文字を読めないような小さいころは、見てわかりやすい絵本を選びましょう。

子どもが気に入ったものがいちばんですが、ママやパパが選ぶ場合、どうしても「親が

読ませたい本」を選んでしまいがち。子どもが好きそうな、**ページの中から絵が飛び出してくる絵本や、押すと音が出るような仕かけ絵本を用意しておく**のもいいでしょう。

子どもが英語の本を読みたがらないときは、「ママ（パパ）は、これが読みたいな」などと言って親がチョイスして楽しそうに読むのもコツです。繰り返しになりますが、親が楽しそうにしていると、子どもも興味を持ち始めます。「ほら、面白いよ」などと誘う必要はありません。

絵本は英語と日本語を混ぜて
置いておきましょう。

親が楽しそうに読んでいると、子どもは
「何だろう？」と興味を持ちます。

本当に子どもが楽しめる英語絵本の選び方

次に、英語の絵本の選び方のポイントを紹介します。最終的には子ども自身に読みたい本を選ばせるのですが、ここでは、そもそも親が数ある英語の絵本の中からどんなものをピックアップすればいいかをお伝えします。

子どもの好きな本を選ぶ、これが簡単なようでできていないケースがよく見られます。親目線で子どもに読ませたい本と、子どもが気に入る本にはズレがある場合もあるのです。どうしても英語を身につけさせたいと思うと、英語の文字量が多いものを選んでしまったり、英語の学びにつながるようなちょっと難しいものを選んでしまったりしがちです。

最初のうちは、大人からすると「こんなに簡単でいいの?」と思うくらいにやさしいレベルのものを選ぶことです。そのとき、**日本語の絵本で読んでいるものよりも、さらにやさしいものを選ぶのがポイント**です。

最初のうちは、**子どもは単語が1つもわからないため、絵だけを見て内容がわかるものがおすすめ**です。親はだんだんレベルを上げたくなるかもしれませんが、レベルを上げて絵だけ見ても内容がわからなくなってしまうと、子どもの英語力を問われることになり、英語が嫌いになってしまう可能性もあります。

その本が子どものレベルに合っているかどうかは「わからない単語の数」を目安にしましょう。ある程度、単語が蓄積されて理解しはじめたとしても、**子どもがわからない単語が見開きで3語以上あるものは難しすぎる**でしょう。同時に、ママやパパも絵本の意味が理解でき、感情を込めて楽しく読めるものがいいでしょう。

赤ちゃんのうちは、視覚で楽しめたり、触って触感が楽しめたりする本もいいですね。ただし、絵本の製本には注意が必要です。**ペーパーバックは薄い紙の絵本**です。持ち運びはしやすいのですが、小さい子だと破ってしまうことがあります。一方、**ボードブックは厚くて固い紙で作られた本**なので、噛みちぎったり破られたりすることがなく安心です。**ハードカバーは表紙と裏表紙が硬い紙で本文は画用紙くらいの厚さ**なので、破られる心配がなくなった頃におすすめです。**同一の絵本がペーパーバックとボードブックの両方で出版されていることも多い**ので、オンラインで購入する際はとくに仕様を確認しましょう。

子どもが気に入った絵本を何回も繰り返して読むのもＯＫ。同じ絵本を何カ月も読んでいるというママの話を聞いたこともありますが、**子どもが嫌がらない限り、読み続けてあ**

げましょう。むしろ、飽きるのは親のほうです（笑）。

同じ本（絵本）を何度もじっくり読むほうが、語学の習得にいいという報告もあります。本の内容を暗記すると、自然に英単語や英語のフレーズの順番も覚えてしまいますが、それが功を奏して、やがて英語力を支えてくれる土台になります。

英語の絵本は、どこで買うのがいいのでしょうか。

大型書店であれば、洋書の絵本のコーナーがあります。子どもと一緒に出かけて、子どもに好きな本を選ばせるといいでしょう。図書館で子ども向けの洋書絵本のコーナーを設けているところもあります。**一緒に図書館に絵本を借りに行き、その中で英語の絵本を多めに借りて、あとで好きなものを選ばせている**というママもいました。

もちろんアマゾンなどのオンライン書店で購入したり、メルカリで購入したりすることも可能です。オンライン書店で買う場合は実物を見られないので、レビューなどを参考にして購入している人が多いようです。また、ほかのママたちがどんな英語の絵本を購入しているのか、インスタグラムでチェックしているというママも。

それでも何を買ったらいいのか迷った場合は、多くの子どもたちに読まれている定番ものを選ぶといいでしょう。

このあと、おすすめの絵本も具体的に紹介しますので、ぜひ参考にしてみてください。

YouTubeは読み聞かせの宝庫

英語の絵本は、たとえ簡単な英語だとしても、感情をこめて読んだり、発音を意識して読んだりする必要があるので、日本語の絵本よりもハードルが高いと感じることもあるでしょう。

そんなママやパパへ、**今はYouTubeという強い味方があります**。

絵本の英語タイトルだけで検索してもいいですし、**絵本の英語タイトルの後にスペースを置いてread aloud（読み上げる）と入れて検索**すると、たくさんの読み聞かせ動画が出てきます。

絵本の読み聞かせをする前に、あらかじめ動画で練習してから読むのがおすすめです。

ネイティブの音声は、大人にとってもとても勉強になります。

英語のリズム、強弱の付け方、イントネーション、発音を意識しながら聞いて、**リピーティング**（英語を聞き終えてから繰り返すこと）・**シャドーイング**（聞こえてくる英語のすぐ後を追いかけるように話すこと）するような感じで、できるだけ真似してみましょう。

もちろん、ときには動画の音声をそのまま子どもに聞かせることがあってもいいのですが、これまでもお話ししているように、**読み聞かせは「親の声」であることがポイント**。子どもは親の声を認識していちばんに覚えようとします。ぜひ生のママやパパの声で読み聞かせを！

英語はテンションが高いイメージがあるのか、「テンションが低いタイプの私が、おうち英語を教えられるでしょうか」と心配する方もいます。

絵本の読み聞かせに限らず、英語で話しかけるときも、ハイテンションでなければいけないということはありません。むしろ英語のほうが"I love you."など、**普段言えない言葉を子どもに伝えやすいというメリット**もあります。

感情を込めて絵本を読めなくても、絵本を読みながら優しくハグをするだけで、子どもに愛情はたっぷり伝わりますよ。

読み聞かせは「対話」が大切

読み聞かせをするときは、**親が一方的に最後まで読み上げるのではなく、子どもと対話**

をすることが大切です。

日本での絵本の読み聞かせは、どちらかというと、親が絵本を一定のリズムで読みながら、子どもと対話をせずに最後まで読むことが多いようです。

絵本を読むときに、子どもに話しかけてはいけないと思っている人もいるかもしれません。

でもアメリカでは、読みながら子どもに質問をしたり話しかけたりして、子どもの反応を見ながら対話をして読み進めていきます。

子どものころから、自分の言葉で自分の考えを述べる習慣があり、こうすることで、子どもの思考力や読解力、想像力、コミュニケーション力を育てているのです。

日本のお母さんなら最後まで読むところを途中で止めて、子どもに問いかけるのです。子どもに問いかけるときも、英語でできればベストですが、いきなり英語で問いかけるのが難しければ、まず日本語で話しかけてもOK。

たとえばクマが登場する絵本であれば、

「かわいいクマさんだね～いくついるかな？」

「……このあと、クマさんはどうするんだろうね？」

「○○ちゃんはどう思う？」

などといったように、子どもの顔を見ながら問いかけてみましょう。

あるいは、絵本に書かれている内容を、親が簡単な英語で繰り返して言ってみるのもいいでしょう。たとえば『Where Is Baby's Belly Button?（おへそどこ？）』という有名な仕かけ絵本がありますが、この絵本ではフラップの仕かけページをめくりながら"Where is/are ○○?"と繰り返して子どもに聞いてみたり、"There it is!"（そこだ！）と言って盛り上げることができます。

もちろん、子どもが日本語で答えてもOKです。「英語で答えないとダメでしょ！」などと頭ごなしに訂正せず、さりげなく親が英語で言い直すようにしましょう。

もし子どもの答えがとんちんかんで、全く脈絡のない言葉を言ってきたら、それでも強く否定はせず、軽く流してから日本語と英語の両方で正解を伝えてあげましょう。

次のページから、読み聞かせの流れや、おすすめの英語絵本を紹介していきます。

読み聞かせの流れと英語フレーズ ～読みはじめる前にできること～

STEP 1

1 » まず子どもに絵本を選んできてもらう

❶“It's time for picture books!” ／ “It's reading time!”（絵本の時間だよ！）と言って「絵本タイム」に切り替える。親が手をたたいたり、片手を上げたりして、「これから楽しい時間が始まる」ことをわかりやすく伝えるのもおすすめ。「お風呂から出たあと」「寝る前」または「夜8時になったら」など、絵本タイムを決めておくと習慣化しやすい。

❷“Which book?”（どの本？）“Which book do you want to read?”（どの本を読みたい？）と聞いて、絵本を選ばせる。まだ小さくて持って来られない子には“This book?”（この本？）と絵本を手に取って見せながら目線や指さしで選ばせる。

❸絵本が決まったら“Okay, (this book) looks fun!”（OK、楽しそうだね！）などと言って子どもと一緒に座る（寝る前ならベッドや布団に入って一緒に読む）。

2» 絵本の紹介をする

❶"Today, we are going to read a story about ○○."（今日は、○○についてのお話を読むよ）と簡単に説明する。（＊○○の部分は主人公が小さな男の子だったらa little boyでもいいし、動物がたくさん出てくる絵本ならanimalsなど）

❷そこから派生して、"Do you like ○○?"（○○は好き？）と子どもに聞いてみる。
子どもが○○という単語を理解していなさそうな時はジェスチャーも使って全身で表現したり、ヒントを与えたりする。

❸子どもの返答を受けて"Okay, you like ○○. ／ You don't like ○○."（○○が好き／嫌いなのね）と繰り返してから"Then, let's read!"（さあ、一緒に読もう！）と切り替える。

❹いきなりページをめくるのではなく、最初に表紙も見せてタイトルと作者名をきちんと読み上げる。たとえば"*Brown Bear, Brown Bear, What Do You See?* by Bill Martin Jr and Eric Carle"など。

慣れないうちはママやパパも英語を読み上げることに必死になってしまうかもしれませんが、あせらず、**子どもの反応を見ながら、ゆっくり**と読み上げましょう。子どもが小さいうちはイラストのように膝の上に座ってもらってもいいですし、子どもの頭が絵本を遮るようなら親子横並びで座って真ん中に絵本を置くスタイルも読みやすいです。

読み聞かせの流れと英語フレーズ ～親子で対話しながら読む～

STEP 2

1 » 音声を流す場合には、マネしながら読む

音声を流している場合、個々の単語や発音にこだわるよりも、抑揚やメリハリの付け方を意識してマネしながら読む。日本人（日本語）は音が平坦なので、英語を話すときはちょっと小恥ずかしいぐらい、大げさな抑揚で読むとベター。

2 » 絵を指さしながら、会話してみる

❶最初は子どもの手をとって、一緒に絵を指でなぞりながら"What's this?"（これは何？）と聞く。子どもが単語を答えたら、"Yes, It's ○○!"（そうだね、○○だね！）や"That's right!"（その通り！）と言ってから"Do you like ○○?"（○○は好き？）と質問につなげる。他にも"What is he/she doing?"（何をしているのかな？）と聞いてみたりする（＊正解させることが目的ではないので、子どもから支離滅裂な答えが返ってきても、訂正したりせず、楽しむことに意識を向ける。親がさりげなく正しい答えを言ってもOK）。もし子どもが日本語で答えたら"in English?"（英語では？）と聞いて英語での返答を促してみる。

❷読み終えたら"The end."（おしまい）と言って"How was it?"（どうだった？）や"Do you like it?"（気に入ったかな？）と絵本の感想を尋ねてみる。

❸子どもの反応がポジティブな場合には、もう1回読みたがっているかどうかを"One more time?"（もう1回？）と質問して確認してみる。

"Turn the page."（ページをめくってね）と言いながら、子どもにページをめくってもらうのも楽しいです。子どもが「ページをめくること」に夢中になってしまい、高速でページをめくっていて絵本の内容が全然頭に入っていなさそう…という状況もありますよね。そんなときでも、絵本のイラストや色彩は目に飛び込んでいるはず。無理やり止めずに見守りましょう。

ファースト絵本としても
取り組みやすい

No No Yes Yes

by Leslie Patricelli

©Candlewick; 2008

こんな
絵本です

左ページに子どもがやりがちないたずらなど“No”の例、右ページにやってもいいこと＝“Yes”の例が描いてあります。でも絵本の中の赤ちゃんは、悪いことをしているつもりではないところが、微笑ましい本です。

おすすめ年齢 0歳から〜

こんな
ところが
オススメ

“Yes”と“No”しか出てこないので親も取り組みやすく、赤ちゃんへの初めての読み聞かせに最適。いろんなトーンで“Yes”と”No”を言ってみると面白いでしょう。子どもがもう少し大きくなってからも、何かいたずらなどをして注意したいときに「○○するのはNo No! だよ」と伝えるのもいいですね。

歌つき&かわいいイラスト
だから楽しく読める！

Rain Rain Go Away!

by Caroline Jayne Church

©Cartwheel Books; 2013

こんな
絵本です

雨の日にお出かけできなくてつまらないときの気持ちを絵本にしたもの。英語の歌を題材にして作られている本で、シリーズ化されています。「雨さん、どうかやんでおくれ」という子どもの気持ちを優しく歌っています。

おすすめ年齢　0歳から～

こんな
ところが
オススメ

雨でお外遊びができない日に読んであげたい本。絵がとてもかわいく、英単語も１ページに３、４語程度と、とても少なめなので、赤ちゃんからOK。タイトルで動画検索すると歌も出てきます。絵本を見ながら歌うことで子どももすぐに覚えられます。最初は普通に読み聞かせて、2回目は一緒に歌ってみて。

見ても触っても楽しい
仕かけ絵本

Fuzzy Yellow Ducklings

by Matthew Van Fleet

©Dial Books; 1995

こんな絵本です

子どもがくぎ付けになりそうな仕かけ絵本。表紙のヒヨコのおなかの部分は丸く切り抜かれ、ふわふわの黄色い布がついています。その後も、体の一部に違う色や形、感触の布が貼られ、ページをめくるたびに何の動物かわかる楽しい絵本です。

おすすめ年齢 1〜3歳

こんなところがオススメ

絵本が丸や三角、四角、楕円形などに切り抜かれ、そこにさまざまな触感の布がついているので、視覚・触覚が養われます。子どもと一緒に形をなぞったり布を触ったりして感覚を楽しみながら、同時に動物の名前も覚えられます。単語数は少ないですが、ママやパパは表現力たっぷりに動物の鳴き声をマネしてみましょう。

親子のスキンシップにもつながる仕かけ絵本

Where Is Baby's Belly Button?

by Karen Katz

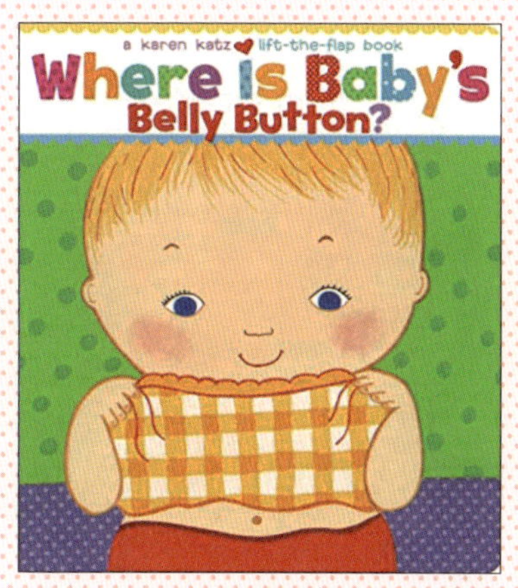

©Little Simon, 2000

こんな絵本です

タイトルは「赤ちゃんのおへそはどこ？」という意味。左ページで”Where is ～？”と問いかけ、右ページでどこにあるかがわかるようになっている仕かけ絵本です。「いないいないばあ」と同じような楽しみ方ができます。

おすすめ年齢 1～4歳

こんなところがオススメ

「おへそはどこ？」「口はどこ？」「足はどこ？」という質問が続くので、楽しみながら知らず知らずに“Where is ～？”という英語の意味がわかると同時に“belly button”“feet”“hand”などの身体の部位や“under”“behind”などの前置詞も覚えられます。お子さんの目や口にもやさしくタッチしてあげると、スキンシップにもなります。

おなじみ大人気作の
フィンガーパペット版

The Very Hungry Caterpillar's Finger Puppet Book

by Eric Carle

©Puffin, 2010

こんな
絵本です

日本でも大人気、エリック・カールの『はらぺこあおむし』のパペットブック。あおむしの顔の部分がパペットになっていて、親が指を入れて動かすことができるので、子どもも一緒に楽しみながら読めます。

おすすめ年齢 1〜3歳

こんな
ところが
オススメ

パペットで子どもも楽しめることはもちろん、ページをめくるたびに数字が増えていき、次々と果物が出てくるので、指差しながら"One, two, three ⋯."と数えてあげると数字も覚えてしまいます。また、ラストの色鮮やかな蝶になる場面で、指差ししてblueやyellowなど色の名前を教えてあげるのもおすすめです。

いろんな動物が登場
するからワクワク

Good Night, Gorilla

by Peggy Rathmann

©G.P. Putnam's Sons Books for Young Readers; 1996

こんな
絵本です

夜の動物園で飼育員のポケットから鍵を盗んだゴリラが、動物たちの檻の鍵を開けて逃していく話。家に帰る警備員の後ろには動物たちの行列が……。絵を見ているだけでストーリーがわかる、子どもたちにも大人気の絵本。

おすすめ年齢 1〜3歳

こんな
ところが
オススメ

“Good night, ○○（動物の名前).” という台詞だけのシンプルな絵本ながら、いろいろな動物が出てくるので、動物の名前も覚えやすく、子どもたちも引き込まれてしまいます。いろいろな動物が“Good night.” と言うシーンがあるので、ママやパパが声色を変えて読んであげると、動物好きな子どもは大喜びするでしょう。

愛情表現の
キッカケにつながる

I Like It When...

by Mary Murphy
(translated by F. Isabel Campoy, and Alma Flor Ada)

©HMH Books for Young Readers; 2008

こんな
絵本です

“I like it when ～ ”=「～をしているときが好き」というフレーズがずっと続くシンプルなストーリー。「ママが○○してくれるときが好き」ということがたくさん書いてあり、寝る前の親子のスキンシップタイムにぴったり。

おすすめ年齢 2～4歳

こんな
ところが
オススメ

「おうち英語」で使えるフレーズがたくさん出てきます。親が“I like it when ○○.”のあとにいろいろな英文を入れてアレンジしてもいいですね（I like it when you smile. など）。本の中でハグする場面や“I love you.”という場面が出てくるので、それに合わせてぎゅっとしてあげましょう。日本語では恥ずかしくて言いにくい「大好きだよ」も伝えられます。

歌っても楽しめる！
にぎやかな絵本

The Wheels on the Bus

by Annie Kubler

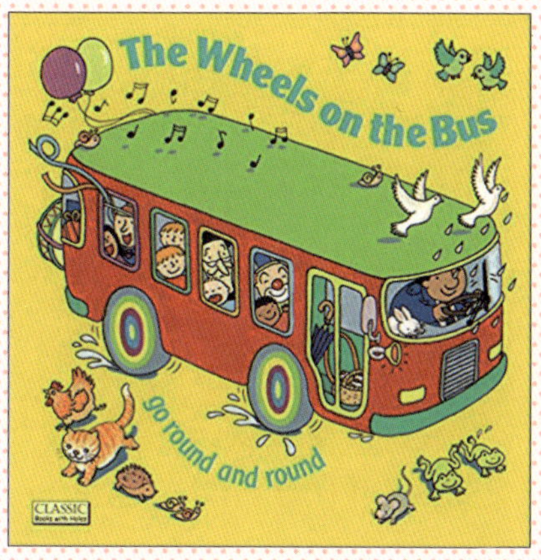

©Child's Play; 2001

こんな絵本です

大きな赤いバスに、ピエロやマジシャン、絵描き、大道芸人などちょっと変わった服装の人たちがどんどん乗り込んできて、バスはぎゅうぎゅう詰めに。やがてバスは止まり、みんなでパーティータイムになるという話です。

おすすめ年齢　2〜4歳

こんなところがオススメ

乗り物好きの男の子向き。やや英文が多めの本ですが、絵を見るだけでストーリーがわかります。もともと定番の童謡が本になっているので、歌いながら読んでもいいでしょう。バスのワイパーが左右に揺れたり、クラクションを鳴らしたりするシーンがあるので、ジェスチャーを交えてちょっと大げさに読んであげると喜びます。

歌いながら、
数がやさしく身につく

Five Little Monkeys Jumping on the Bed

by Eileen Christelow

©HMH Books for Young Readers; 2017

こんな
絵本です

５匹の猿のきょうだいがベッドでジャンプをして遊んで、１匹ずつ頭をぶつけて全員がケガをしてしまいます。お医者さんに「もうベッドでジャンプしてはだめだよ」と言われても、楽しくて止められない、微笑ましいお話です。

おすすめ年齢 5〜6歳

こんな
ところが
オススメ

英文がやや多めなので、ある程度、英語に触れたあとで読むのがいいでしょう。同じシーンが繰り返されるためストーリーはわかりやすく、リズム感があるのでとても楽しめます。“five”“four”など数がたくさん出てくるので、数を覚えたいときにも使えます。歌もあるため、歌いながら覚えるのもおすすめです。

文字に興味を
持ち始めたら…

A is for Apple

edited by Tiger Tales

©Tiger Tales; 2011

こんな
絵本です

"A is for Apple and ant." "B is for Ball and bee." というように、AからZまでが頭文字となる英単語が紹介されています。それぞれアルファベットの文字をなぞると、書き方と書き順もわかるようになっています。

おすすめ年齢 4〜6歳

こんな
ところが
オススメ

子どもが「文字」に興味を持ち始めたら、この絵本を使うタイミング。文字の部分がくぼんでいるので、矢印どおりに指でなぞれば、アルファベットを書く練習に。最初はママやパパが楽しそうにやって見せてあげるのがコツです。大文字と小文字が同時に学べますが、まずは無理をせず大文字からスタートするのがいいでしょう。

他にもたくさん！ おすすめ英語絵本

動物がでてくるから楽しい

- **Peek-a-Moo!**（出版社：Ragged Bears）
（Marie Torres Cimarusti著、Stephanie Petersen画）
ウシ、ブタ、ねずみ、ひつじなどいろんな動物がでてくる仕かけ絵本。「いないいないばあ」感覚で楽しめるので0歳の赤ちゃんにもおすすめ。英語圏の動物の鳴き声表現（日本語とは違いますよね）を知ることができてママやパパにも楽しい1冊。

- **Dinosaur Roar!**（出版社：Macmillan Children's Books）
（Henrietta Stickland, Paul Stickland著）
見開きで2頭の恐竜が描かれており、鮮やかに対比されています。さまざまな恐竜のイラストが出てくるので、"This one is really big!"「これはすごく大きいね！」と言ってみたり、greenやbrownなどの色味を指差して言ってみても楽しいでしょう。

- **One Yellow Lion**（出版社：Ragged Bears）
（Matthew Van Fleet著）
動物が出てきて楽しいのはもちろんのこと、1から10までの数字と、grayやpurpleなどの色の表現も身につきます。お子さんが数字に興味を持ち始めたら、ぜひ手に取ってほしい1冊です。

歌とあわせて楽しく読みたい

- **Walking Through the Jungle**（出版社：Barefoot Books）
（Debbie Harter画、Fred Penner）
出版元のBarefoot Booksによる動画バージョンがYouTubeでも視聴できます。お子さんと一緒に歌いながら、歩く動作や泳ぐしぐさなどをしてみると、動きとあわせて英語をインプットできます。

● **Twinkle, Twinkle, Little Star**（出版社：Cartwheel Books）
（Caroline Jayne Church著）
おなじみの「きらきら星」の英語の歌詞が、かわいいイラストと一緒に描かれています。Twinkle, twinkle, little star ♪の歌詞は、きれいに韻が踏まれていて英語のリズムを学ぶのにピッタリです。

▶自然と発音が身につく

● **abcd Chants**（アプリコット出版）
（中本幹子 著）
「アブクド チャンツ」と読みます。文字に興味を持ち始めたらおすすめ。アルファベットの名前と音をインプットできます。フォニックスの入門にもうってつけです。英単語がたくさん出てきますし、付属CDの効果音でページをめくるのも楽しい1冊です。

● **Peppa Pig Phonics Set**（出版社：Scholastic）
（Scholastic Inc.著）
計12冊のセットで、こぶたのペッパピッグと一緒にa,e,i,o,uの短母音を学ぶことができます。イギリス英語の発音にふれさせたい場合にはとくにおすすめです。

▶外国、世界にふれる

● **Children of the World**（出版社：Barefoot Books）
（Tessa Strickland, Kate Depalma著、David Dean画）
年長さんになると「文化の敏感期」を迎えます。この絵本では長い英文が出てきますが、すべてを理解できなくても大丈夫。世界にはいろんな肌の色や髪の色の子どもがいるんだ、と視覚を通して認識することができます。身近に外国人がいない環境の子どもでも、絵本を通じてちょっぴり多様性にふれることができます。

Chapter 4
日常シーンで使える！
やさしい英語フレーズ

やさしい語りかけでインプットを充実させる

0歳から6歳までの子どもにとっては、とにかく英語をたくさん聞いてインプットすることが大切。先にもお話ししましたが、言語を習得するには、母国語であるか外国語であるかにかかわらず、言葉のシャワーをたくさん浴びさせてあげることが必要になります。**ママやパパからたくさん話しかけられた子は、言葉の習得も早いのです。**

日本語は世界一難解とも言われています。それでも話せるようになるのは、0~3歳の話し言葉の敏感期に日本語にたくさん触れるからです。英語なら、なおさら習得できるでしょう。

赤ちゃんは会話こそできませんが、大人の言葉を聞いていないわけではありません。話すことこそできないけれど、ただぼーっと聞き流しているわけでもありません。それまでにたくさん言葉のシャワーを浴びてインプットしているからこそ、ある日、言葉をアウトプットできるようになるのです。

言葉が話せない赤ちゃんの時期に、親が積極的に話しかけている赤ちゃんは、言葉を早く話せるようになるだけでなく、理解も早い傾向があります。

日本語も英語も基本的な考え方は同じです。言葉を話せるようになる下準備として、**やさしいフレーズでかまわないので、たくさん話しかけてあげましょう。**

言葉のシャワーを浴びている子は、ただ言語能力が発達する、言語が習得できるというだけでなく、コミュニケーションを楽しめる子になります。結果として、人間関係もスムーズになり、周囲から信頼される大人になっていくでしょう。

この章では、英語が苦手なママやパパでもできるやさしい声かけフレーズを、具体的に紹介します。

日常生活の中に英語を取り入れると定着しやすい

どんなに学校で英語を習っても話せるようにならないのは、使う機会がないからだということはお話ししました。

この本を読んでくださるママやパパが、わが子におうち英語を実践する目的は、英語で良い成績をとることや、大学受験に強くなるためではないはずです。

英語はあくまでもコミュニケーションツール。小さいうちから英語に触れるなら、実際に生活の中で使える英語を身につけさせてあげたいですよね。

そのためには、日常の中に英語のフレーズを取り入れることが大切なのです。**日常の動作と紐づけて繰り返し使うことで、英語が記憶に残り、定着しやすくなります。**

繰り返しお伝えしているように、四六時中、英語で話しかけてくださいということではありません。

たとえばお風呂に入っているとき、料理をつくっているとき、食事をしているときなど、毎日繰り返す日常のシーンの中で、簡単なフレーズを入れていくイメージでOKです。「いつもいつもおうち英語のことばかり考えていられない！」という忙しいママやパパでも、お子さんと一緒のバスタイムのときだけは英語にしたり、朝、身じたくをするときだけは英語にしたり。**日常のほんの1コマだけ英語を使うのであれば続けられる**のではないでしょうか。

あるいはほめるときだけは英語にする、お手伝いを頼むときだけは英語にするなどでもOK。**毎回同じフレーズでもいいですし、マンネリでもかまいません。**無理のない範囲で続けるようにしましょう。

英語はほめるフレーズがたくさんあるので、ほめるのが苦手なママやパパにもおすすめです。「大好きだよ」「あなたは私の誇りよ」なんて、日本語では恥ずかしくてあまり言えないフレーズも、さらりと言えてしまうのが英語の魅力ですね。

次のページから、まずはいろんなシーンで共通して使える英語フレーズを紹介します。その後、お料理や片づけなどのシーン別で声かけをするときのポイントと英語フレーズを掲載しています。英語フレーズはネイティブスピーカーによる音声ダウンロード付きですので、ぜひ聞いて声に出してみてくださいね。

どんなシーンでも使えるフレーズ①

次の予定ややるべきことを伝えるとき

まずは、いろいろなシーンで共通して使えるフレーズを紹介します。
忙しいママやパパたちは、子どもに次の予定ややるべきことを伝えることが多いですよね。そこで使えるのが、毎日のように子どもに言う「〇〇の時間だよ」というフレーズ。「〇〇」の部分を変更すれば、いくらでも応用が可能です。
そして子どもが遊びに没頭していて次の予定に移れなかったり、お外で遊んでいて帰宅時間が迫ったりしたときなどにモンテッソーリ教育でもよくお伝えしているのが「〇〇まであと5分だよ」のフレーズです。ただし、子どもを待てずに「早くして！」などと言って焦らせるのはNG。あらかじめ子どもと話しあって、終わりの時間を決めてから伝えるようにしましょう。

時間（場面）を切り替える英語フレーズ　001

It's time for 〇〇! ／ It's 〇〇 time!

～〇〇の時間だよ！～

例 **It's time for a bath!**（お風呂の時間だよ！）
It's time for breakfast!（朝ごはんの時間だよ！）
It's English time!（英語の時間だよ！）
It's lunch time!（ランチの時間だよ！）
It's time to go out!（お出かけの時間だよ！）

もし、子どもが没頭していて上記のフレーズだけでは切り替えにくいときは、次のように具体的な時間を示してあげましょう。時計の針や、スマートフォンのタイマー画面を見せながら言うと効果的です。

例 **Five minutes till bedtime!**（寝る時間まであと5分だよ！）
Ten minutes until it's time to go home!（おうちに帰るまであと10分だよ！）
It's five minutes to bath time!（お風呂まであと5分ね！）

日本語でかまわないので「時計の長い針が1にきたらね」などと具体的に補足してあげると、より子どもとの約束が成立しやすくなります。時計の読み方も自然と身につくので一石二鳥ですね。

どんなシーンでも使えるフレーズ②

動作を見せて教えるとき

モンテッソーリ教育では、子どもの手が伸びるまで待つことが大事だとお話ししました。ただ子どもが新しいものに初めて取り組むときには、まず大人がやってみせることがとても大事です。これを私はよく、“教えて、教えて、教える”というくらい丁寧に、とお伝えしています。
まず大人は「見ててね」と言って、一つ一つの動きをゆっくり丁寧に見せます。このとき、同時に説明はしません。耳で説明を聞きながら、目で見て覚えることは、子どもにとって難しいからです。さまざまなシーンで「親がやって見せる」ためのフレーズを紹介します。

お手本を見せる英語フレーズ

I'll show you how to ○○.

～○○するのを見ていてね。～

例 **I'll show you how to clean up.**（片づけるのを見ていてね。）
I'll show you how to fold the laundry.（お洗濯物をたたむのを見ていてね。）
I'll show you how to button up.（ボタンを留めるのを見ていてね。）
I'll show you how to wipe the floor.（床をふくのを見ていてね。）
I'll show you how to scoop the icecream.（アイスを《スプーンで》すくうのを見ていてね。）
I'll show you how to use chopsticks.（お箸の使い方を見ていてね。）
I'll show you how to hold a pencil.（鉛筆の握り方を見ていてね。）

ひと通りお手本を見せたら、今度は子どもがやる番です。子どもが作業しているときは手を出さずに見守って。ただし子どもが作業に困り、助けを求めてきたときは“Do you need some help?”（お手伝いがいる？）などと言って、適切にサポートを。

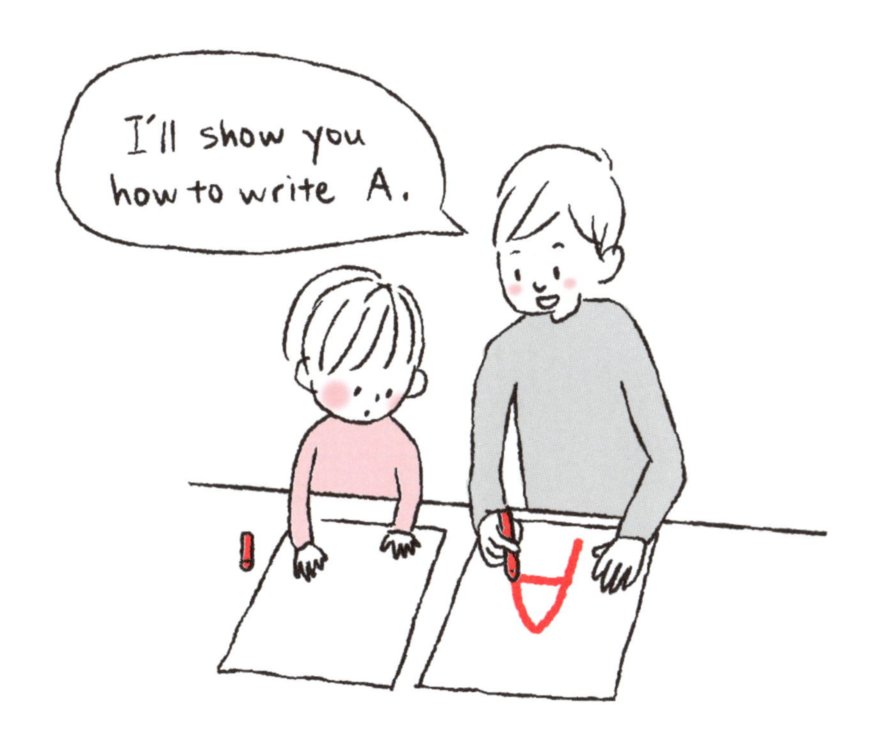

たとえばアルファベットを覚えるときにも、“I'll show you how to write A.”（Aの書き方を見ていてね。）と言いながら、書いているところを見せてあげましょう。ママやパパが楽しみながらお手本を見せることが大切です。

どんなシーンでも使えるフレーズ③

お手伝いをしてもらうとき

子どもは自分でできるのが嬉しいもの。自立心を伸ばすためにも、何でもママやパパがやってあげるのではなくて、環境をととのえたうえでお手伝いをどんどん頼んで。子どもは「できた！」という小さな成功体験を積み重ねることで、自信がつきます。お手伝いをお願いするときのポイントは、子どもができるものを用意してあげること。たとえばポットから水を注いでもらう場合は、子どもが持ちやすい大きさや形、重さのポットを使うようにしましょう。
お手伝いがうまくできなくても、決して叱らないで。そのためにも、失敗してもいいような環境をととのえておくことも大切です。

お手伝いをお願いするときの英語フレーズ

003

Can you ○○? ～○○してくれる？～
Can you help me with ○○? ～○○を手伝ってくれる？～

例 **Can you help me, please?**（お手伝いしてくれる？）
Can you throw this away?（これをゴミ箱に捨ててくれる？）
Can you bring the stool here?（ここに踏み台を持ってきてくれる？）
Can you put four plates on the table?（お皿を４枚テーブルに置いてくれる？）＊具体的な枚数を入れることで数の感覚を伸ばします。
Can you carry the food?（お料理を運んでくれる？）
Can you pass me that?（それを取ってくれる？）
Can you line up your shoes?（靴をそろえてくれる？）
Can you help me with dinner?（夕食のお手伝いをしてくれる？）

子どもがお手伝いをしてくれたら、必ず“Thank you.”や“Thank you for your help.”とお礼を伝えてあげましょう。

どんなシーンでも使えるフレーズ④

子どもの考えや感情を引き出すとき

モンテッソーリ教育では、子どもの気持ちを尊重します。「こうしなさい」「こうしたほうがいい」などと、大人の考えを押しつけることはありません。私自身、日常生活の中で、子どもの主体性や自立を育むために、子どもの考えを聞くことは普通の家庭よりも多かった気がします。
少し英語の理解が進んだお子さん向けになりますが、子どもの考えややり方をどんどん引き出せるようなフレーズで話しかけてみましょう。この場合、子どもが英語で答えるのが難しければ、返事が日本語になっても構いません。

子どもの気持ちを聞き出す英語フレーズ

Tell me how ○○. ～どう○○か教えて。～

例 **Tell me how you feel.**（どんな気持ちか教えて。）
＊happy?（幸せ？）、sad?（悲しい？）など選択肢を挙げると答えやすくなります。
Tell me how to do it.（どうやってやるのか教えて。）
＊子どもが何かを作ったときなどに聞いてみましょう。
Tell me what you want.（何が欲しいのか教えて。）
What do you think?（あなたはどう思う？）
What do you want to do?（あなたはどうしたい？）
You think so, don't you?（あなたはそう思うのね？）

子どもの主体性や自立を育むために、何か聞かれたときは「あなたはどうしたいの？」などと逆に質問をしてあげるのもいいでしょう。子どもの気持ちを受け止め、考えややりたいことを引き出し、自主性や自立を育むフレーズです。

子どもが集中しているときは邪魔をしないで。たとえば完成した積み木を見て「すごいね」などと伝えてあげてから、”Tell me how to do it.”（どうやってやるのか教えて）と聞いてみましょう。

お料理するときの声かけPOINT

手を動かしながら、声に出してみる

子どもの年齢にあわせてお手伝いをさせながら声かけすると効果的。料理の基本的な動作の「切る」「混ぜる」を英語で言いながら、手も動かしてみましょう。たとえばボウルに卵を割って、子どもに泡立て器を持たせて“Mix, mix, mix.”と協力して作業しても楽しいですね。身体の動きとあわせて声に出すことでより英語が身につくようになります。

触覚、嗅覚などと結びつけて英語をインプット

お料理では、五感を刺激しながら英語に触れられるメリットがあります。固いもの、やわらかいもの、ざらっとしたもの、ねばねばしたもの、いろんな感覚に触れたり、いい匂いを感じたり、野菜や果物のカラフルな色を見たりしながら、その英語での表現を教えてあげましょう。五感とともにインプットした英語は、定着しやすくなります。

お料理タイムに使える英語フレーズ 005

- ▶ Let's bake cookies!（クッキーを作ろう！）
- ▶ Let's make curry together!（一緒にカレーを作ろう！）
- ▶ Wash your hands.（手を洗おうね。）
- ▶ Be careful. It's very hot.（気をつけて。とても熱いよ。）
- ▶ Mix, mix, mix.（混ぜ、混ぜ、混ぜ。）
- ▶ Cut, cut, cut.（カット、カット、カット。）
- ▶ Whisk eggs.（卵を泡立てよう。）
- ▶ Crack the egg like this.（こんなふうに卵を割るよ。）
- ▶ Slice the banana.（バナナを切ってね。）
- ▶ Can you pour in water?（お水を注いでくれる？）
- ▶ Can you put the beans here?（ここにお豆を置いてくれる？）
- ▶ Let's spread jam on the bread.（パンにジャムを塗ろう。）
- ▶ It's ready to eat!（できたよ！）
  ＊オーブンやお鍋のフタを開けながらOpen!もいいでしょう。
- ▶ Do you want to eat?（食べたい？）
- ▶ How does it taste?（味はどう？）
- ▶ Is it salty? ／ Is it spicy? ／ Is it sweet？（しょっぱい？／辛い？／甘い？）
- ▶ It's good!（おいしい！）
- ▶ It's sticky.（ねばねばしているね。）
- ▶ It's very soft.（とてもやわらかいね。）
- ▶ It's so hard.（とてもかたいね。）
- ▶ It smells nice!（いい匂いがするよ！）

お食事するときの声かけPOINT

できる範囲で子どもに選ばせる

いつも食べるのが遅い、ダラダラ食べている、という子には、"20分"など時間を決め、その間に食べきれそうな少量をまず与えましょう。その後から「おかわり欲しい？」と声かけして、子どもに食べたい分だけ量を決めさせるのもいいでしょう。
基本は、親子で楽しく食べること。英語で話すことだけを目的にしないで、おいしく食事を味わう時間だということも忘れないで。

具体的な選択肢を与える

具体的な食べ物の選択肢を与えることで、ものの名前を覚えることにもつながります。たとえば朝食で、「パン」と「ごはん」など具体的な選択肢を与えたり、何を飲むか（お茶か水かなど）の選択肢を与えたりして、どっちが食べたい（飲みたい）か聞いてあげましょう。モンテッソーリ教育の「好きなものを自分で選ぶ」ことにもつながります。

お食事タイムに使えるフレーズ  006

▶ Take only what you can eat.（食べられるぶんだけ取ってね。）

▶ Do you want more?（おかわり欲しい？）

▶ Are you full?（おなかいっぱいになった？）

▶ It's yummy!（おいしいね！）

▶ I'm happy that you ate a lot.（たくさん食べてくれて嬉しいな。）

▶ I'll show you how to eat fish.（お魚はこうやって食べるんだよ。）

▶ What do you want for breakfast, bread, cereal or rice?
（朝ごはんは何が食べたい？ パン？ シリアル？ ご飯？）

▶ What do you want to drink, tea or water?
Do you want tea or water?（何が飲みたい？ お茶？ お水？）

▶ How many grapes do you want? Two or three?
（ブドウ何個欲しいかな？ 2個？ 3個？）

▶ There are only four grapes. What should we do?
（ブドウが残り4個しかないね。どうしよう？）

▶ We can each eat two. Two plus two equals four.
（1人2個ずつ食べられるね。2＋2は4だね。）
＊こうしてフルーツなどを食べるときに、数の学びにもつなげられます。

身じたく中の声かけPOINT

動作をしながら声かけをする

ママやパパが「実況中継」することで子どもに言葉のシャワーを浴びせてあげましょう。
身じたく中は絶好の「実況中継」チャンス。できる範囲でかまわないので、「今していること」などを英語で実況中継してみましょう。たとえば歯磨きなら、歯ブラシを持つ→磨く→ブクブクをする→口に含んだ水を出すなど、一連の動きを英語で伝えやすいでしょう。

朝のしたくを自分でやれるようにする

ホワイトボードなどの“おしたくボード”を用意し、「朝食/breakfast」「着替え/change clothes」「歯磨き/brush teeth」など日本語と英語を両方表記して、朝のしたくが1つ済むたびに“Breakfast, done!”（朝食、おわり！）など、親子で一緒に言うようにしてもいいでしょう。

身じたく中に使える英語フレーズ  007

- ▶ Wash your face, first.（まず顔を洗おうね。）
- ▶ Hold your toothbrush.（歯ブラシを持って。）
- ▶ Brush your teeth.（歯を磨こうね。）
- ▶ Rinse out your mouth.（ブクブクしてね。）
- ▶ Spit it out.（ペッと出して。）
- ▶ Take off your pajamas.（パジャマを脱いで。）
- ▶ Time to change clothes.（着替えるよ。）
- ▶ Put your arms up!（ばんざーい！）＊洋服を脱がせるときに。
- ▶ Do you want to pick out your clothes for today?（今日のお洋服選びたい？）
- ▶ Choose between these two.（2つの中から選ぼうね。）
- ▶ I'm gonna put this in your bag, okay?（これをバッグに入れるよ、いいね？）
- ▶ Ready to go?（準備はできた？）
- ▶ You did it yourself!（1人でできたね！）
- ▶ It's nice today.（今日はいい天気だね。）
- ▶ Do we have everything?（忘れ物はない？）

お片づけの声かけPOINT

片づけやすい環境をつくる

声かけをする前に、まずは片づけやすい環境づくりをすることが必要です。モンテッソーリ教育では、子どもが出し入れしやすい環境設定をします。繰り返しになりますが、ものを出し入れしやすい環境がないと、子どもは上手に片づけることができません。その最初の環境設定は、ママやパパがととのえておいてあげましょう。

何をどこに片づけるのか、きちんと伝える

子どもは「ちゃんと片づけてね」といったぼんやりした表現では片づけることはできません。お話ししたように、子どもが手の届きやすい場所に棚を置くなど片づけやすい環境を作った上で、「そのぬいぐるみは、あそこの棚の上ね」などと具体的に伝えましょう。最初の段階で、親がていねいにやって見せてあげると、あとは自分で片づけられるようになっていきます。

お片づけ中に使える英語フレーズ

▶ It's messy in here!（散らかってるね。）

▶ Three minutes till cleaning time!（お片づけまであと3分だよ！）

＊毎回お片づけの時間より少し前から時間を言ってあげると、片づけまでに葛藤の時間をつくることができ、自制心が徐々に育まれていきます。時間になったら、"Here we go!", "It's time!", "Let's clean up!" などと言いましょう。

▶ Can you put your things away?
（お片づけしてくれる？）
＊お片づけ全般に使えるフレーズです。

▶ Can you pick up the pen on the floor?
（床に落ちているペンを拾ってくれる？）

▶ Put your stuffed bear over there.
（くまさんのぬいぐるみをあそこに置いてね。）

▶ Put your crayons into the drawer.（クレヨンを引き出しにしまってね。）

▶ Put your picture book on the bookshelf.（絵本を本棚にしまってね。）

▶ Can you put this on the shelf?（これを棚に入れてくれる？）

▶ You did it!（《お片づけ》できたね！）

▶ Look, it's clean!（きれいになったね！）

YouTubeなどで"clean up song"と検索すると動画がたくさん見つかります。動画を見て、一緒に歌いながらお片づけするのも楽しいでしょう。

お風呂タイムの声かけPOINT

身体の部位を英語で覚えるキッカケに

お風呂は親子のふれあいタイム。頭、顔、腕、足、お腹など、身体に触れながら名称を覚えるきっかけにもなります。また、よく日本語でもやりますが、湯船に浸かって「1、2、3」と数をカウントすれば、数も覚えてしまいます。なんとこれで、100（one hundred）まで覚えてしまった子もいるんですよ（でも、のぼせるほど長湯はしないでくださいね）。

お風呂ポスターでアルファベットや数字をインプット&アウトプット

実際に「おうち英語」を実践しているママに教えてもらった方法です。100円ショップなどで売っているお風呂で使える英語のポスターを貼って、アルファベットや単語（曜日や月など）をインプットします。毎日のことなので、バスタイムに親子で一緒に声に出して読むだけで、遊びながら知らず知らずに覚えることができます。

お風呂タイムに使える英語フレーズ 009

まず、身体の部位を覚えましょう。

代表的なパーツ ➡ hair（髪の毛），head（頭），face（顔），eye（目），ear（耳），nose（鼻），cheek（頬），mouth（口），lip（唇），tongue（舌），chin（下あご），neck（首），shoulder（肩），chest（胸），back（背中），arm（腕），elbow（ひじ），hand（手），finger（指），nail（爪），hip（お尻），leg（脚），foot（足）などなど。

意外と知らないパーツ ➡ forehead（おでこ），temple（こめかみ），armpit（わき），belly（お腹），sole（足の裏）などなど。

- Time to take a bath!（お風呂に入ろう！）
- Take off your clothes.（洋服を脱ごうね。）
- Who is faster, ○○-chan?（どっちが速いかな？ ○○ちゃんかな？）
  ＊子ども2人以上を同時にお風呂に入れるときに使えます。
- Do you need help?（お手伝いがいるかな？）
- Splash!（お湯がはねたね！）
- Scrub, scrub, scrub.（ゴシゴシゴシ。）
- Wash, wash, wash your hair/arm/chest/leg/belly.
  （髪／腕／胸／脚／お腹を洗おうね。）
- Show me your left arm/right arm.（左腕／右腕を見せて。）
- All clean!（きれいになったね！）
- Feels good!（気持ちいいね！）
- Let's count to 20.（《湯船に入って》20数えよう。）

注意するときの声かけPOINT

I（アイ）メッセージで伝えられるのが英語の良さ

子どもに注意したいとき、つい日本語で強く「ダメでしょ！」と言ってしまいがち。そんなときはひと呼吸置いて、「I（アイ）」メッセージでママやパパの気持ちを伝えてみましょう。英語で“I don't like ～.”に置き換えるようなイメージです。「私（ママ／パパ）はそれは嫌いだよ」という気持ちを伝えることができます。

ポジティブな表現で注意を促せる

「○○しないで！」というように、なにかを否定する言葉は、実は子どもには理解しにくいもの。“してほしくない”ことよりも“してほしい”ことを伝えましょう（例：走らないで→ママのそばにいてね）。もし「それに触らないで」など注意を促すときには、「危ないから」など具体的な理由をしっかり伝えてあげましょう。

注意するときに使える英語フレーズ

010

- Is that good or bad?（それは良いことかな？ 悪いことかな？）
- Oh, I see.（そうだったんだね。）＊まずは受け止めてあげましょう。
- But it's a problem because it's dangerous.
（でもそれは困るんだよ、危ないから。）
- It's not nice.（それは良くないね。）
- I don't like it.（ママ／パパは、それは嫌だな。）
- Can you let him/her have it for a while?（ちょっと貸してあげられる？）
- Let's try to be nice to each other.（みんなで仲良くしようね。）
- Take turns.（順番だよ。）
＊子どもに順番に遊ぶように注意したいときに使えます。
- Behave yourself.（お行儀よくしようね。）
- It's getting late.（遅くなっちゃうよ。）
- Play nicely.（仲良く遊んでね。）
- Stay by my side.（《迷子にならないように》ママ（パパ）のそばにいてね。）
- Don't touch that. I don't want you to get hurt.
（それに触らないでね。ケガをしてほしくないから。）

褒めるときの声かけPOINT

たくさんたくさん褒めてあげて

英語には、褒めるフレーズがたくさんあります。日本語だと照れくさいような愛情表現も、英語だと言いやすいもの。しかも“Great！”や“Amazing！”など1語で伝えられるものも多いので、ぜひたくさん使ってみましょう。具体的にどこが良かったのかは日本語で伝えてあげてもOK。ただし子どもが何かに集中しているときは、褒めたくてもその場では静かに見守って。大げさに褒めると集中力が切れてしまいます。

褒めるときは、名前も一緒に呼んであげて

日本語では子どもを褒めるとき、名前を呼ぶことはあまりありません。英語では、褒めるときに名前も一緒に呼んであげましょう。子どもの自己肯定感が高まります。また“I love you！”と愛情を伝えるときは、ハグするなどスキンシップを加えると、ママやパパの愛がたっぷり伝わります。

褒めるときに使える英語フレーズ

- △△（名前）, you are good at ○○ing!（○○するのが上手！）
- You did such a good job.（よくやったね。）
- You're great! You didn't give up.（すごいね！ あきらめなかったね。）
- Your drawing is amazing!（お絵描き上手だね！）
- You made it carefully.（丁寧に作ったね。）
- You carried that very well.（上手に運べたね。）
- You washed it very well.（きれいに洗えたね。）
- I love that you are ○○ing!（○○しているのがとても素敵！）
- That's a very good question.（とてもいい質問だね。）
- Give me a big hug!（ハグして！）
- I love you.（大好きだよ。）
- You make me so happy!（あなたといると、とっても幸せ！）

以下の英語を言ったあとに、どこが良かったのかは日本語で伝えてあげる形でもOKです。

- Great! ／ Amazing! ／ Awesome!（すばらしい！）
- Well done!（よくやったね！）
- Unbelievable!（信じられない！）
- Good boy! ／ Good girl!（良い子だね！）
- I'm so proud of you!（私の誇り！）
- You are so sweet.（とても優しいんだね。）

Chapter 5

親子で楽しめる！英語のアクティビティ

モンテッソーリ教育×英語のアクティビティは、4つの分野を意識するとうまくいく

モンテッソーリ教育には、「日常生活」「言語」「感覚」「数」「文化」の5つの分野があります。

この5つの分野は、それぞれ独立しているわけではなく、深く関わり合っています。それぞれに適した教具や教材があり、子どもがそのときにしたいことや発達の段階に応じたものが用意されています。1人ひとりの子どもに教具を与えるタイミングも、発達段階によって異なります。人と比べて早い、遅いではなく、その子が1人でもできるように援助をするのが大人の役割です。

ここでは、このあと紹介するアクティビティにつながる「日常生活」「感覚」「言語」「数」の4つの分野について簡単に説明しましょう。

「日常生活」

子どもは2～3歳になると、身近にいる親などの動作をマネしたがります。**大人の動作**

をマネすることで、自分のことは自分でできるようになっていきます。

また、自分の体を使って何かをしたいという欲求もあります。この時期に、子どもに合わせた環境をととのえ、自分1人でできるように大人はサポートします。そうすることで、自立心が育っていくのです。

「感覚」

モンテッソーリ教育では、「五感」から得られる刺激をとても重要視しています。子どものころはとくに、感覚的な刺激から吸収するものが多いです。

子どもはあるときから、「どうして？」などの問いかけが増えてきます。

これは、今まで無意識に触れてきたものに意味を見出し始め、知性が芽生えてきた証拠でもあります。

この時期に五感から刺激を受けることはとても重要です。

目で見る、耳で聞く、匂いをかぐ、味わう、手で触るなどの経験をたくさんさせてあげましょう。そこから目や耳、鼻、口、皮膚などの感覚器官を通して感覚が研ぎ澄まされていきます。

「言語」

「この字、なあに?」「これってなんて読むの?」

子どもが文字や言葉に興味を持ち始めると、こんな質問をしてくることがあります。

日常生活、そして感覚の教育によって、子どもが言語を「話す」ことを始めると、次は「書く」「読む」ことができるようになり、語彙力を豊かにしていきます。

言語の習得は、人とコミュニケーションをとるうえで欠かせません。言葉を得ることによって子どもは自分の考えを深め、同時に自分以外の人の考えを知ってお互いの理解を深めていきます。

子どものころはとくに言葉に対しての感受性が強いので、この時期に楽しく言語を習得させることは、子どもの自立のためにも、とても意義が深いのです。

「数」

子どもはある時期から、数に興味を持ち始めます。

子どもたちは「1、2、3」など具体的にものを数え始めますが、それはものを使って数を数え、「量」を把握しているのです。「数字」というものを使って、数の世界に興味が持てるように導いてあげましょう。

数を学ぶことは、算数の成績アップのため、ということではありません。生きていくために必要な数学的思考や、数と時間の概念、ひいては歴史の理解などにもつながっていきます。

この章では、**5つの領域の中から日常生活・言語・感覚・数の4つを取り上げ、それぞれの分野ごとに子どもが楽しめるアクティビティやゲームを紹介**します。特別なおもちゃを購入しなくても、**100円ショップなどで購入できたり、手作りできたりするものもたくさんあります**。

「おうち英語」を実践しているママやパパたちが試してよかったものや、「おうち英語」を教えているインストラクターさんおすすめのものを厳選しているので、できるものから試してみてください。お子さんがハマるものが絶対に見つかるはずです。

楽しくアクティビティを始めるコツ

楽しく英語に触れられるアクティビティを紹介していますが、気をつけてほしいことがいくつかあります。

いきなり「さあ、やりましょう！」と子どもに押し付けるのはNGです。

よくあるのが、子どもにやらせたいばかりに「ほら、やってごらん楽しいよ」と子どもを誘ってしまうケース。

先にも話しましたが、大切なのはあくまでも**子どものほうから自発的に動くこと**。「楽しいよ！」と誘うのは、一見すると強制ではないように見えますが、子どものほうから動かない限り受け身の姿勢となり、英語の吸収もしにくくなります。

子どもから動かない限りは、そのままにしておくことが大切です。わが子のこととなると放っておくことができない、という気持ちもわかります。でも**楽しい遊びが「やらせる」ものになってしまっては本末転倒**です。

親が強制的にやらせるのは意味がないばかりか、英語に苦手意識を持たせてしまうことになりかねません。逆に、シャイで楽しめていないように見えていても、何かの拍子にポロッと英語のフレーズが出てくるということも。

子どもの性格もあるので、「こうでなければならない」ということはありません。**その子なりに楽しめていればOK**、というくらいの気楽な気持ちで取り組みましょう。

紹介するゲームやアクティビティは難しいものではありませんが、子どもの年齢やそのときの能力によっては、まだできないものもあります。無理にできないものをやらせようとする必要はありません。

「少し難しいかな？」と思う遊びの場合は、これまでもお話ししてきたように、**最初はママやパパが「やって見せる」ことが重要**です。「まずママ（パパ）がやってみるから、見ててね」と言って、丁寧に、わかりやすく「見せて」あげましょう。言葉で説明するのはその後です。

また、途中で子どもがやり方がわからなくなって止まってしまうこともあるでしょう。モンテッソーリ教育では、**「1つ前の段階に戻る」**ということをしています。わかりやすく子どもの食事の例で説明しましょう。

子どもは離乳食が始まると最初は「手づかみ食べ」をします。その次はスプーンを持って食べ、やがてお箸を持てるようになります。スプーンを持たせようとしたとき、嫌がって投げてしまったり、スプーンで遊んでしまったりすることがあります。そんなときは、無理せず、1つ前の段階「手づかみ食べ」のステップに戻るのです。

アクティビティの場合、「1つ前の段階」というのがわかりづらい場合は、**もっと簡単な遊びに戻る**と考えればいいのではないでしょうか。

あるいは、その遊びの「ある部分」だけがわからず、つまずいてそのゲームをやりたがらなくなってしまった場合、同じくモンテッソーリ教育では、**「つまずきだけサポートする」**ということをします。

ある部分だけができないのに、**親は「できないならやってあげる」とつい手を出してしまいがち**です。でも、これは間違った思いやり。これでは、子どもに「自分でできた」「やり遂げた」という達成感、満足感を味わわせてあげることができません。

子どもは自分でできないとわかると、たちまちつまらなくなってしまうものです。逆につまずきを放っておくと、何をするにも「できないから、ママやって」という依存にもつながりかねません。つまずいた部分だけサポートして、あとは自分から手を伸ばしてできる子にしてあげたいですね。

なかには動画がアップされている遊びもありますが、小さい子どもの場合、「動画を見て理解して」といっても無理でしょう。親が参考にするために見るのはいいですが、**子どもに教えるためにいきなり動画を見せるのはやめましょう**。あくまでも、親が目の前でやって見せること。英語の習得と同じで、ママやパパがやっているから子どももマネしようとするのです。

繰り返しになりますが、そのときママやパパが楽しんでいることがポイント！

どう楽しんでいいかわからない、子どもが乗ってくるか不安、とおっしゃっている親御さんがいますが、細かい説明は抜きにして、「〇〇ゲーム始めるよ、イエーイ！」と声かけしたらすぐに乗ってきた、という話もよく聞きます。

子どもにとっては**楽しいゲームであれば、それが英語か日本語かなど関係ない**のです。

感覚アクティビティ〜いろんなもの、形に触れる〜

「○○形のもの、探そう！」

おすすめ年齢 3歳程度〜

ものの形や色の名前を遊びながら覚えるゲームです。家具・家電など部屋の中にあるものを探して遊ぶことができます。

》遊び方

❶たとえば、長方形の図が書かれたカードの下に、rectangle（長方形）とスペルが書かれている単語カードをつくり、子どもに見せる。

❷「長方形のものを探そう！」や「長方形のものにタッチしてみよう！」と言って、子どもと一緒に部屋の中を歩き回って、家の中で長方形のもの（例：冷蔵庫、本、ベッドなど）を探す。

❸見つけたら「見つけた！　長方形だ！」と言ってタッチする。

❹さらに、たとえば見つけた長方形が冷蔵庫ならばrefrigerator（冷蔵庫）と伝えてあげれば、ものの名前も覚えられる。

》ここが伸びる！

体を動かしながらインプットできるので、色や形、ものの名前が記憶に残りやすくなります。

》POINT

＊カードはネットのフリー素材なども活用できます。
＊四角（square）、円形（circle）や三角形（triangle）などでも遊べます。
＊このゲームは「黄色のものを探そう」など、色でも応用可能です。

» こんな英語を使ってみよう 012

- 最初に単語カードを見せながらインプットするとき
  - ▶ This is a rectangle.（これが長方形だよ。）
- 「探してみよう！」と声かけするとき
  - ▶ Let's find something rectangular!（長方形のものを探してみよう！）
  - ▶ Let's find something circular in this room!（この部屋の中で円形のものを探してみよう！）
  - ▶ Touch something triangular!（三角形のものにタッチしてみよう！）
- 探しているあいだ
  - ▶ Where is a rectangle/a circle?（長方形／円形はどこかな？）
  - ▶ That one？ That's not a rectangle. It's a square.（あれかな？ それは長方形ではなくて、正方形だよ。）
- 見つけたとき
  - ▶ I found one!（見つけた！）
  - ▶ You found one!（見つけたね！）
  - ▶ Here it is!（ここにあった！）
  - ▶ This rectangular thing is called a refrigerator/a table/a book.（この長方形のものは、冷蔵庫／テーブル／本と呼ばれているよ。）
  - ▶ This circular thing is called a cup/a plate/a clock/soap.（この円形のものは、カップ／お皿／時計／石鹸と呼ばれているよ。）
  - ▶ Are there any other rectangular things?（他に何か長方形のものはあるかな？）

「寒天で遊ぼう」

おすすめ年齢 2歳程度～

用意するもの

粉末寒天4g、水500ml、好きな色の食紅、
バットや食品用保存容器など透明の容器

遊び方

❶寒天を作る。
鍋に水と粉寒天を入れて火にかけて溶かす。
溶け切ったら火を止め、粗熱がとれたら容器に移す。
❷好きな色の食紅を加えてよく混ぜる。常温で1時間ほどで固まる。
冷やしたいときは固まったあと、冷蔵庫に入れる。
❸出来上がった寒天のうち半分を細かく切って、透明のカップに入れて水を入れ、
見て触って楽しむ。
❹残りの半分はクッキーの型抜きなどで抜くなどして遊ぶ。

ここが伸びる！

寒天のやわらかい感触を楽しみながら、さまざまな色や形を覚えます。
さらに型抜きを使って手指の動きも伸ばします。

» こんな英語を使ってみよう　013

- **寒天を触った感触を伝えたいとき**
  - ▶ It's very soft.（やわらかいね。）
  - ▶ Oh, it's cold!（冷たい！）＊冷やした寒天のとき
- **色を伝えたいとき**
  - ▶ Look, this is blue!（見て、青いよ！）
  - ▶ This is red, and that is green.（これは赤で、そっちは緑だね。）

  ＊色は2、3色あるときれいです。
- **細かく切った寒天を透明のカップに入れて水を注いだとき**
  - ▶ It's sparkling!（キラキラしているね！）
  - ▶ It's so beautiful.（きれいだね。）

  ＊水を注ぐと固体のように見えていた寒天が水と混ざってキラキラしてとてもきれいに見えます。
- **型抜きをしたとき**
  - ▶ It's a star!（星型だよ！）
  - ▶ This one is a heart!（これはハート型だね！）
- **型抜きをしたものをいくつか並べて質問するとき**
  - ▶ What shape is this?（これは何かな？）
  - ▶ A star!/A heart!/A flower!/A bear!（星！／ハート！／花！／クマ！）

  ＊もし冠詞の"a"が抜けていても、単語を言えたらすごいことです。

感覚アクティビティ～マネっこしながら単語をインプット～

マネっこマグネット遊び

おすすめ年齢 2歳程度～

用意するもの

マグネットシール、マグネットボード、A4程度の白い紙

遊び方

❶1マスの大きさが同じになるように、紙に均等に9個のマスを書き、9マスのシートを作り（パソコンで作っても、手書きでもOK）、ラミネート加工して補強する。裏にマグネットシールを貼って、ずれないようにするとやりやすい。このシートを2枚作る。
❷マグネットボードに9マスシートを乗せ、マグネットを大人と子どもにそれぞれ1つずつ用意する。大人がマグネットを置いたところと同じところに、子どもがマグネットを置いて遊ぶ。
慣れてきたら少しずつマグネットの種類や量を増やす。

ここが伸びる！

子どもは大人の動作をマネすることで覚えていくので、マグネットの置き方をマネしながら、"put"や"same"などの単語を無理なくインプットできます。

POINT

＊応用として大人がマグネットを置いたシートを瞬間的に見せて記憶させたあと、同じように子どものシートで再現してもらう遊びもできます。
＊ラミネート加工をする場合…100円ショップでラミネート加工できるフィルムが購入できます。また、コンビニや写真屋さんなど、ラミネート加工してもらえる店もあります。
＊マグネットとマグネットボード、マグネットシールは100円ショップで購入できます。

» こんな英語を使ってみよう 014

- 道具の説明をするとき
  - ▶ This is a square board.（これは正方形のボードだよ。）
  - ▶ There are nine squares.（9マスあるね。）
  - ▶ Let's count together! One, two, three, four, five, six, seven, eight, nine.（一緒に数えてみよう！ 1、2、3、4、5、6、7、8、9。）
  - ▶ This magnet is yours, and this one is mine.（このマグネットがあなたので、これはママ／パパのだよ。）
- 置き方を見せるとき
  - ▶ I'll show you how to put the magnet on the board.（マグネットをボードの上に置くやり方を見せるね。）
  - ▶ I'll put my magnet here on number six.（マグネットをここ、6番に置いたよ。）
- 子どもに置いてもらう
  - ▶ Put your magnet on the same spot!（同じところに磁石を置こう！）
  - ▶ Where will you put it?（どこに置くのかな？）
  - ▶ Look, you put it on number ○, but I put it on number △.（見て、あなたは○番の上に置いたけど、ママ／パパは△番に置いたよ。）

  ＊違う場所に置いたときには、数字を見せながら説明しましょう。
- 同じ場所に置いたとき
  - ▶ Same, same!（一緒、一緒！）

感覚アクティビティ～身近なもので嗅覚を育む～

匂い当てクイズ

おすすめ年齢 2歳程度～

» 遊び方

❶コップなどの容器に飲み物や食材を入れて、子どもに匂いを嗅いで覚えてもらう。
❷子どもに目を閉じてもらい、「この匂いは何だ？」と聞いて、当ててもらう。

» ここが伸びる！

嗅覚が刺激され、同時に単語も覚えられます。
五感の中でも嗅覚は長く記憶に残りやすいため、単語も定着しやすいです。

» こんな英語を使ってみよう 015

- **最初に匂いを覚えてもらうとき**
  - ▶ This is coffee/tea/ginger.（これがコーヒー／お茶／しょうがだよ。）
- **匂いを当ててもらうとき**
  - ▶ Close your eyes.（目を閉じて。）
  - ▶ Don’t open your eyes yet.（まだ目を開けないでね。）
  - ▶ What flavor is this, coffee, tea or ginger?
（これは何の匂いかな？ コーヒー？ お茶？ しょうが？）
  - ▶ It’s coffee!（コーヒー！）

感覚アクティビティ〜集中力が研ぎ澄まされる〜

音当てクイズ

おすすめ年齢 2歳程度〜

先ほどの匂い当てクイズの音版（耳版）です。

遊び方

❶空のペットボトルを複数本用意する。
その中にそれぞれお米やコーヒー豆、どんぐり、ビー玉などの音が出やすい素材を入れて振り、子どもにそれぞれ音を聞いてもらう。
❷目を閉じてもらい、ペットボトルを振って、何の音か当てさせる。

ここが伸びる！

耳を澄まして音を聞くことで、集中力が身につきます。
英語リスニングの際の集中力にもつながるでしょう。

こんな英語を使ってみよう 016

- **最初に音を覚えてもらうとき**
  - ▶ This is rice./These are coffee beans/marbles.（これがお米／コーヒー豆／ビー玉だよ。）
- **匂いを当ててもらうとき**
  - ▶ Close your eyes.（目を閉じて。）
  - ▶ What sound is this?”（これは何の音かな？）
  - ▶ It’s rice!（お米！）

言語アクティビティ～アルファベットの大文字、小文字に触れる～

アルファベットかるた

おすすめ年齢 4歳程度～

遊び方

❶アルファベットを1文字ずつわかりやすく書いたカードを用意する（手作りでもいいし、インターネットなどでも無料ダウンロードできる）。
❷かるた取りのように「"A"をタッチして」などと言って、Aを探してタッチさせる。
❸1文字だけでは物足りなくなってきたら、"CATはどこ？" などと言って、"C" "A" "T"の3枚のカードを探させるなど数を増やしていく。

ここが伸びる！

遊びながらアルファベット（大文字、小文字）を覚えられます。

POINT

＊アルファベットカードを手作りするときは、手書きでもいいですが、エクセルなどで作ると文字がわかりやすいです。破れないようにラミネート加工するのがおすすめ。
＊応用として、大文字、小文字のカードを別々につくり、大文字の "A" と小文字の "a" を見つけていくゲームや、並べ替えて単語をつくるゲームなどもできますね。

» こんな英語を使ってみよう 017

- **最初にカードを見せるとき**
  - ▶ These are alphabet cards.（アルファベットのカードだよ。）
  - ▶ This is a capital A.（これが大文字の“A”だよ。）
  - ▶ That is a small a.（それは小文字の“a”だね。）
- **カードを探させるとき**
  - ▶ Touch A.（Aにタッチしてみて。）
  - ▶ Where is a capital A?（大文字のAはどこかな？）
  - ▶ Can you find a small a?（小文字のaを見つけられる？）
- **カードが見つかったとき**
  - ▶ Great! You found it!（すごい！ 見つけたね！）
  - ▶ What's this letter?（この文字は何だ？）

  ＊見つけたカードの文字をここでアウトプットさせます。
- **複数のカードを探させるとき**
  - ▶ Next, where is CAT? C-A-T, cat.
    （次に、CATはどこかな？ C, A, Tでキャットだよ。）

言語アクティビティ～単語とものを一致させる～

絵合わせカードで「どれかな？」

おすすめ年齢 1歳程度～

絵合わせカードは2枚で1組。半分ずつになっている絵のカードを合わせると、1枚の絵が完成するようになっています。絵と一緒に単語のスペルも書いてある英語の絵合わせカードは100円ショップで購入可能です。

遊び方

❶英語の絵合わせカード（例：「りんご」の場合、りんごの絵の下に、日本語で「りんご」、英語で "apple" と書いてある）を用意する。
❷「りんごはどれかな？」などと言って、子どもが1枚とってきたら「この半分はどこにあるかな？」「これかな？」「あれかな？」と言って、探させる。
❸子どもが組み合わせを見つけたら、親も "apple" と単語を発音してインプットする。子どもが "apple!" とは言わず、「りんご！」などと日本語で返してきてもOK。もし年中さん以上で、ある程度英語に触れてきたお子さんなら「英語で言ってみて？」と聞くのもアリ。

ここが伸びる！

絵があるのでイメージと一緒に英単語を覚えることができます。
絵を探すことで観察力や識別力も身につきます。

POINT

＊最初は2、3組など少ないカードで始めるのがコツ。

» こんな英語を使ってみよう 018

- まず絵合わせカードを紹介するとき
  - ▶ This is a half of an apple.（これはりんごの半分だよ。）
  - ▶ This is an apple.（これはりんごだよ。）＊絵合わせしたカードを見せながら
  - ▶ I'm going to put these cards here.（カードをここに並べるね。）
- カードを探させるとき
  - ▶ Where is an apple?（りんごはどれかな？）
  - ▶ Where is half of this apple?（このりんごの半分はどこかな？）
  - ▶ This one?（これかな？）
  - ▶ That one?（あれかな？）
  - ▶ Oh, very close!（惜しい！）＊似た色、形のカードを選んだときなど
- 子どもが組み合わせカードを見つけたとき
  - ▶ Yes, it's an apple.（そうだね、りんごだね。）
  - ▶ What's this?（これは何？）＊探し当てたカードを合わせて絵を見せながら
  - ▶ In English, please.（英語で言ってみて。）
    ＊子どもが日本語で答えた場合（英語で答えるのが難しそうな場合には日本語でも十分です）。

アクティビティに取り入れたい！

セガンの3段階

知っておきたい

モンテッソーリ教育では、ものの名前を覚えるときに「セガンの3段階」という手法を取り入れています。

第1段階　ものの名前を伝える

ものの名前を1つずつはっきりと発音しながら、子どもに伝える段階。
子どもはまだ、目の前の“もの”にどんな名前がついているか知らない段階なので、りんごなら、「これは“りんご”って言うんだよ」などと繰り返し伝えます。
それ以外の余計なことは言わないのがポイント。

第2段階　質問を繰り返して選ばせる

名前は知っているけれど、言葉には出ない段階。
「“りんご”はどれ？」と質問し、その“もの”を選ばせます。
その後「りんごは赤いよね。りんごは甘いね。アップルパイにするとおいしいんだよ」など、その“もの”にまつわる情報をインプット。
子どもは何回も名前を聞き、その情報をインプットすることで、より記憶しやすくなります。何度も繰り返し丁寧に行いましょう。

第３段階　名前を覚えたか確認する

ここにきて初めて、「これは何？」と質問して、子どもにものの名前を確認、「りんご」などと言わせます。

おうち英語への取り入れ方

「日本語」では第１段階が0〜１歳、第２段階が３歳くらいまで、第３段階は３歳以降が目安です。
英語の場合は年齢にかかわらず、すべてが初めて出会う単語なので、年齢は気にせずこのステップで行いましょう。
英語の場合、子どもに「これは何？」といきなり聞くなど、第３段階から始めてしまう親御さんがとても多いと感じます。焦らずステップを踏んで、しっかり言葉を獲得していくことが重要です。

このあと、「セガンの３段階」を取り入れたアクティビティも紹介していきます。

言語アクティビティ～単語のインプット&アウトプット～

フラッシュカードで「これ何だ？」

おすすめ年齢 2歳程度～

先ほど説明した「セガンの3段階」を取り入れたアクティビティです。

» STEP 1：ものの名前をインプットする段階

英語のフラッシュカード（絵と英単語が書いてあるもの）を用意して、親がフラッシュカードを高速で見せていく。
たとえば桃の絵のカードの場合”Peach”と読み上げ、すぐに次のカードをめくる。

フラッシュカードとは

もの名前や数字や文字などを書いた大きなカードを読み上げながら高速でめくっていくもの。大量の情報を目で見てすばやくインプットするため、視覚での理解を得意とする右脳で情報処理が優位に行われます。

STEP 1で単語が頭に入ったら、次の段階に進みます。

» STEP 2：ものの名前を選ばせる段階

数枚のフラッシュカードを用意し、その中で覚えた単語を選ばせる。たとえば桃の場合、”Which is a peach？”（桃はどれ？）と聞く。
子どもが桃のカードを選んだら、親は桃について、いろいろな話をして、子どもが「これは桃（peach）なんだ」と理解させる。

» こんな英語を使ってみよう 019

- ▶ Which is a peach?（桃はどれ？）
- ▶ What color are peaches?（桃は何色？）
- ▶ Peaches are soft pink.（桃はソフトピンク色だよ。）
- ▶ Peaches are sweet.（桃は甘いよね。）
- ▶ We saw a peach the other day.（この前、桃を見たよね。）
- ▶ We ate a peach, and it tasted good.（桃を食べて、美味しかったね。）
- ▶ We made a peach pie.（ピーチパイを作ったよね。）
- ▶ Do you like peaches?（桃は好き？）
- ▶ I also like peaches.（ママ／パパも桃が好きだな。）

＊子どもが英語をすべて理解できていなくても、しぐさなどで伝わるようにする。

桃についてたくさん会話をしたら、次の段階に進みます。

» STEP 3：ものの名前をアウトプットする段階

最後に、親は桃を指さして"What is this?"と聞く。子どもが"Peach."と答えたらOK。

» ここが伸びる！

フラッシュカードを併用することで、たくさんの単語を覚えられ、アウトプットにもつなげられます。

言語アクティビティ～どんどん語彙を増やす～

英語でしりとり風に遊ぶ！

おすすめ年齢 5歳程度～

遊び方

アルファベットでしりとりのように遊ぶ。

親：A is for apple.
子ども ：B is for box.
親：C is for cat.

ここが伸びる！

アルファベットとそれぞれを頭文字にした単語が定着しやすい。
また想像力や識別力などもつきやすい。

POINT

＊*A is for Apple* の絵本（117ページ参照）を読んだ後にやると効果的。
またアルファベットが全部わからなくても、アルファベットと単語が一緒に書かれているカードなど、サポートしてくれる道具があればできます。
＊単純にAからZまでの単語を順番に言っていくのも楽しいですね。
たとえば、apple（りんご）→box（箱）→cat（ねこ）→dog（いぬ）→egg（たまご）→fun（楽しい）→good（良い）→happy（幸せな）などなど。

» こんな英語を使ってみよう 020

- ▶ A is for apple.（りんご）
- ▶ B is for box.（箱）
- ▶ C is for cat.（ねこ）
- ▶ D is for dog.（いぬ）
- ▶ E is for egg.（たまご）
- ▶ F is for fun.（楽しい）
- ▶ G is for good.（良い）
- ▶ H is for happy.（幸せな）
- ▶ I is for ice cream.（アイスクリーム）
- ▶ J is for Japan.（日本）
- ▶ K is for kitchen.（キッチン）
- ▶ L is for like.（好き）
- ▶ M is for move.（動く）
- ▶ N is for number.（数）
- ▶ O is for orange.（オレンジ）
- ▶ P is for peach.（桃）
- ▶ Q is for question.（質問）
- ▶ R is for rain.（雨）
- ▶ S is for salt.（塩）
- ▶ T is for tomato.（トマト）
- ▶ U is for under.（下）
- ▶ V is for vegetable.（やさい）
- ▶ W is for world.（世界）
- ▶ X is for Xmas.（クリスマス）
- ▶ Y is for yellow.（黄色）
- ▶ Z is for zoo.（動物園）

＊ XmasはChristmasの省略形です。

＊ funやhappyでは顔の表情を作ってみたり、できるだけジェスチャーもまじえながら単語を発音してみましょう。

数のアクティビティ〜1ケタの数字からインプット〜

数のマッチング

おすすめ年齢 3歳程度〜

用意するもの

マグネットボード、数字マグネット

遊び方

❶数字マグネットをマグネットボードに適当な順番に置き、それをそのまま家庭用プリンターなどでプリントする（A4サイズ1枚におさまるように）。
❷①でプリントした紙をボートに貼り、紙の数字の上に、同じ数字のマグネットを乗せてマッチングする。

ここが伸びる！

英語の数字が覚えやすいだけでなく、集中力や識別力が身につきます。

POINT

＊始める前に、0から10までの数字を英語で数えてから、この遊びに入ると数字を覚えやすいです。
＊子どもの年齢が小さいときは0、1、2だけなど、使う数字を少なくして遊ぶのがおすすめ。
＊数字マグネットとマグネットボードは100円ショップなどで購入できます。

» こんな英語を使ってみよう　021

- **まず数字をインプットする**
  - ▶ Let's count from one to ten!（1から10まで数えてみよう！）
  - ▶ What number is this?（この数字は何？）

- **数字のマグネットを、同じ数字の上に乗せる**
  - ▶ So, you have number three.（3の数字を持っているよね。）
  - ▶ Where is three on the board?（ボードで3はどこにあるかな？）
  - ▶ Yes, they are the same!（そう、同じ数字だね！）

一緒に数えよう

おすすめ年齢 2歳程度～

子どもと一緒にものの数を数える遊びです。
おうちでもできますが、お外だともっと幅が広がります。

遊び方

❶おうちなら照明の数や、クローゼットにかかっている洋服、タオルの枚数などを数える。
お外なら石ころや葉っぱ、どんぐり、木の枝などを見つけたら「何個（何本）？」と聞いてみる。
❷お外なら石ころや葉っぱなどを並べたり、積み上げたりしながら、一緒に数をカウントしてみる。

ここが伸びる！

数を数えられるようになります。
お外遊びのときに行えば、自然を五感で楽しみ感受性が豊かに。

POINT

＊お外には普段触れられないものが多いので、手指の感覚を伸ばすことができておすすめです。

» こんな英語を使ってみよう 022

- How many lights are there?（照明はいくつあるかな？）
- How many towels are there?（タオルは何枚あるかな？）
- Look! There are so many leaves!（見て！ 葉っぱがたくさんあるよ！）
- How many stones？（石ころ、いくつあるかな？）
- Let's count together.（一緒に数えてみよう。）
- One, two, three …（１、２、３…）

＊数えながら積み上げたり、並べたりしてみましょう。

数字のアクティビティ〜手遊び歌×数字〜

Five little ducks（5羽の子アヒル）

おすすめ年齢 1歳程度

とても有名な英語の手遊び歌です。
Five Little Ducks という絵本もあるので、親子で一緒に絵本を読んでから、手遊び歌をしてもいいでしょう。
右のQRコードから動画をダウンロードして、歌のメロディや手の動きを確認してください。
さらに、YouTubeで"Five little ducks finger play"と検索すると、いろんなパターンの手遊び歌の動画を見ることもできます。

遊び方

まず片手を広げて、親指から小指まで、"one two three four five"と声に出して数えてから"little ducks"と言う。

❶ Five little ducks went out one day.（ある日5匹の子アヒルが出かけました。）
［手のひらを見せてバイバイをするときのように動かす（指1本が子アヒル1羽を表している)。］

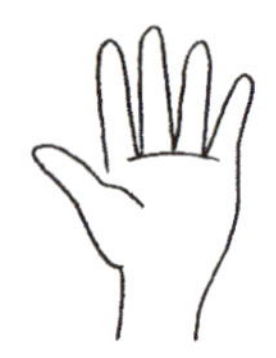

❷ Over the hill and far away.（丘をこえて遠くへ。）
［手で波を描くようにして、hill（丘）を表す。］

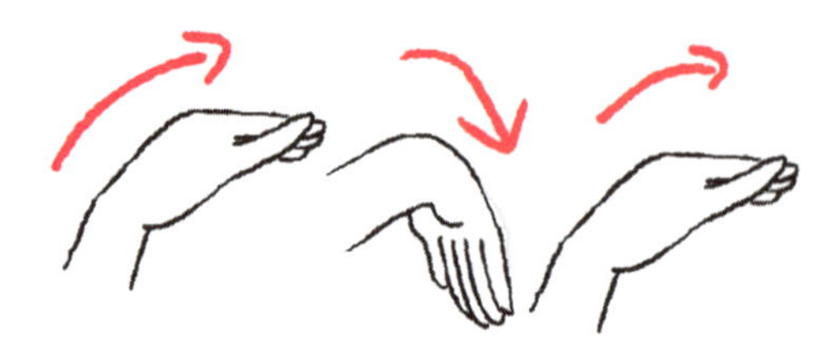

❸ Mother duck said "Quack, quack, quack, quack."（お母さんアヒルは「クァックァックァッ」と鳴きました。）
［親指と、それ以外の指をくっつけるようにしてアヒルの鳴くしぐさをする。］

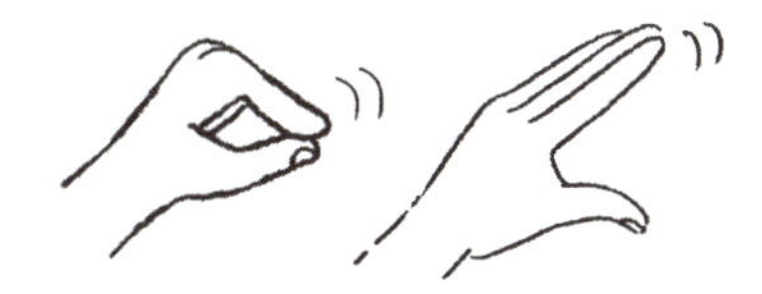

❹ But only four little ducks came back.（でも戻ってきたのは4羽だけ。）
［親指を曲げて4本の指で4羽の子アヒルを表現する。］

［親指を曲げて4本にしたまま、①〜③を繰り返し、④で今度は親指と小指を曲げて3羽のアヒル（ducks）を表現する。このあと2羽、1羽と同じように指の数も減らしていく（＊下線部分をfour, three, two, oneと変えて歌う。］

「1羽」になったあと、①〜③を繰り返したら、
❺ But none of her five little ducks came back.（でも誰も戻ってこなかった。）
［もうお手上げ、のようなポーズをする］

❻ So sad Mother Duck went out one day, over the hill and far away.
（お母さんアヒルは悲しんで、丘をこえて遠くへ出かけました。）
Mother duck said "Quack, quack, quack, quack."
［①②③を繰り返す。このときは悲しそうに、大げさに泣きマネをしてもOK］

❼ And all of her five little ducks came back.
［手のひらを広げて5羽を表して、うれしそうにニコニコしながら］

» ここが伸びる！

手指を動かすことで脳にも刺激になりますし、1羽ずつ減っていくので数の概念も身につきます。

日常生活のアクティビティ～身体を動かす～

Walking, walking!（歩こう、歩こう！）

おすすめ年齢 3歳程度～

遊び方

日本でも聴き慣れた『グーチョキパーでなにつくろう♪』のメロディーに合わせて、英語で歌いながら身体を動かす（右のQRコードから動画をダウンロードして下さい）。
このメロディの原曲は『フレール・ジャック』というフランス民謡。インターネットで検索すると楽譜も出てくるので、ピアノなどの演奏と合わせて遊んでみても楽しい。

♪Walking walking, walking walking,（ファ⤴ソ⤴ラ⤵ファ、ファ⤴ソ⤴ラ⤵ファ）
Hop hop hop, hop hop hop,（ラ⤴シ♭⤴ド、ラ⤴シ♭⤴ド）
Running running running,（ド⤴レ⤵ド⤵シ♭⤵ラ⤵ファ）
Running running running,（ド⤴レ⤵ド⤵シ♭⤵ラ⤵ファ）
Now, let's stop.（ファ⤵ド⤴ファ）
Now, let's stop.（ファ⤵ド⤴ファ）

上の歌に合わせて、Walkingの部分では足踏みして歩いてみる。
Hopの部分ではジャンプ！
Runningの部分では走ってから、Now, let's stopの部分で動きを止める。
最初はゆっくり、次第にリズムを速くすると、より楽しめる。

＊YouTubeで"Walking Walking"と検索すると、Super Simple Songsという大人気チャンネルの動画があります。72分（！）というロングバージョンのかわいい動画もあるので、興味があったらチャレンジしてみてください。

ここが伸びる！

動作と結びつけて楽しく英語が覚えられ、運動能力もアップ。

» POINT

＊幼児期の子どもは歩く、飛ぶ、走る、止まる、つま先歩き、など体全体で動き回ることができます。動作と結びつけると英語も記憶に残りやすいです。

＊ねんね期の赤ちゃんの場合は、ママやパパの指で体全体を刺激する遊びに。Walkingのところはゆっくりつんつん、Hopのところは体の上を飛び跳ねるように、Runningは素早く体全体をつんつん、Stopで止めましょう。

日常生活のアクティビティ～手指の動きが発達する～

クマさんに食べさせる

おすすめ年齢 3歳程度～

用意するもの

・ボールをつかむ道具（子どもの年齢や能力によってトング、レンゲなど。手づかみでもOK）
・クマさん型のお皿などの容器
＊うさぎなど他の動物の形の容器でもOK。なければプラスチック容器（容器のふたに、クマなどのイラストを貼る。子どもが好きな動物でOK）
・カラフルな小さめのボール（ボールの大きさは、トングやレンゲなどのサイズに合わせる）
・トレー（スーパーのトレーでもOK）

遊び方 023

❶クマさん型の容器（あるいはプラスチック容器）と、ボールを入れたトレーを置いておく。
❷“The bear's hungry! Let's feed him!”（クマさんはおなかが空いてるから食べさせよう）と親が声をかける。＊下線部は好きな動物の名前に変更してもOK。
❸トング、レンゲ、または手でボールをつかんでお皿に入れる（プラスチック容器の場合はふたを開け、トング、レンゲ、または手でボールをつかみ、容器の中に入れていく）。
❹入れたら“Yummy! Yum, yum! Delicious!”（おいしい！）などと言う。

＊小さいボールは、子どもが誤って飲み込まないように注意しましょう。

» ここが伸びる！

握る、離す、すくう、つかむなど手指を刺激することで脳の発達を促します。
集中力も身につくでしょう。

Simon says（サイモン セッズ）

おすすめ年齢 4歳程度～

遊び方 024

大人が“Simon says ～”といって、指示を出し、それに従うゲーム。
ただし、“Simon says ～”と言わないときもある。
“Simon says ～”と言っていないのに指示に従ったらNGというルール。

親：“Simon says, touch your hair!” ➡指示に従う
子ども：（髪の毛を触る）
親：“Simon says, touch your lip!” ➡指示に従う
子ども：（唇を触る）
親：“Simon says … please touch your leg!” ➡指示に従う
子ども：（脚を触る）
親：“Touch your arm!”（＊Simon saysと言っていない） ➡指示に従ってはダメ
子ども：（腕を触ったらNG）
親：“You lose!”（あなたの負け！）“I didn't say 'Simon says'.”（“サイモン・セッズ”と言わなかったよ。）と言って、腕を触ったらNGだと説明する。

POINT

＊最初は下線部をarm, leg, eye, noseなどのボディーパーツにしてたくさん試しましょう。慣れてきたら、right（右）やleft（左）などの指示も加えて。
＊また、応用として、touch以外の指示をしてもOK（例：Simon says, smile!やSimon says, raise your arms! など）。
＊指示された英語を理解できるくらいのレベルが必要なものの、小さい子は動作をマネするだけでも楽しめます。

» ここが伸びる！

左脳で理解した言語を右脳で運動として実行することで、学習効果が高まり、英語の習得につながります。

応用編：組み合わせアクティビティ～アートづくり～

レインボーフィッシュを作って遊ぼう

おすすめ年齢 4歳程度～

まず*The Rainbow Fish*『にじいろのさかな』という絵本を読んで、それからお話に出てくるレインボーフィッシュを画用紙などで作ってみます。
その手作りのレインボーフィッシュを部屋のどこかに隠して子どもに見つけてもらうアクティビティです。アートが好きなお子さんにもおすすめです。

》遊び方

STEP 1　絵本を読む

The Rainbow Fish『にじいろのさかな』（Marcus Pfister著）という絵本を親子で読む。

STEP 2　お話に登場するレインボーフィッシュを作る

絵本に出てくる魚を製作する。
画用紙にサインペンで魚の形を描き、その中に色鉛筆やクレヨンで水玉や三角模様を描く。あるいはウロコの形に切った色紙や折り紙をのりや両面テープで貼っていく。ウロコの形に切ることが大変な場合には、キラキラしたシールをぺたぺたと貼りつけていけばOK。最後に魚の形に画用紙を切りとる。

STEP 3 レインボーフィッシュを隠して、探す

部屋のどこかにSTEP 2で作った作品を隠し、子どもに見つけさせるゲーム。テーブルの上やいすの下を探したら、わざとママやパパの体の見えにくい部分（背中や足の裏など）に貼っておいて気づかないフリをして子どもにそれを見つけさせる。
右のQRコードから動画を参照。

» こんな英語を使ってみよう 025

- I need your help!（助けが必要なんだ！）
- Can you find the rainbow fish?（レインボーフィッシュを見つけてくれる？）
- It's red."（赤いんだ。）

＊STEP2で作ったレインボーフィッシュの色を入れる。

- Oh, is it on the table?（あっ、テーブルの上かな？）

＊他にも under the chair（いすの下）/ behind the curtain（カーテンのうしろ）など。
どこにありそうかを伝えて、親は探しているフリをする。

- Oh no, it is not!（あ～あ、なかった！）
- Oh, what's this?（あれ、これ何だ？）
- It's the rainbow fish!（レインボーフィッシュだ！）
- Thank you for finding it.（見つけてくれてありがとう）

» ここが伸びる！

アート制作を通して、色彩感覚や手指の動きを育みます。
また、レインボーフィッシュを探す過程でunderやon, behindなどの前置詞も自然に身につけることができます。

» POINT

＊さらなるステップとして、YouTubeにあるRainbow Fish Songという動画を見ながら、親子で歌ってダンスするのも楽しいでしょう。

＊ここで紹介した *The Rainbow Fish* に限らず、他の絵本でも一連の流れで同じように遊ぶことができます。クリスマスやハロウィン、イースターなど、季節のイベントにあわせて絵本を選んでアート制作をして、お部屋の中で探してみてもOK。

英語 deDance

レッスンの詳細は
こちら

NY仕込みの英語×ダンスを子どもたちに…！自由に自分を表現できる楽しさに溢れた教室です。

英語deDance教室では、2歳〜7歳のお子さんを対象に輝きベビーアカデミーならではの「心身ともに自立のサポートをする教育法」を実践しています。

モンテッソーリ教育を受けて育ち、日本とアメリカの両方でミュージカルを学んだ経験から、子ども達が純粋に思いっきり表現することを楽しめる場所を作りたいと思い、この教室を立ち上げました。

たとえば、ダンスでも一方的に振り付けを子どもに教えて動きをマネさせるだけでは自己表現とは言えません。もっと楽しく、もっと自由に、自分の感情を表現するためのダンスを伝えたいと思っています。子どもは歌やダンスなどで自己表現することを通して感性が磨かれていき、コミュニケーション力、集中力、創造力が養われます。英語deDance教室では、いろんな音を聴いて、それを体で表現するワークなども実施しています。

講師は基本的に英語で指導しますが、理解を手助けするための日本語補助も入るのでご安心ください。様々なキーフレーズを取り入れた英語コミュニケーションによって、子どもは無意識のうちに「生きた英語」を身につけていきます。さらに、身体を動かしながらインプット＆アウトプットすることで、英語がより定着しやすくなります。

レッスンでは、毎月目標が設定されています。たとえば「自分で選べるようになる」だったり「リズム感を鍛える」だったり。こうした目標を達成する「できた！」の繰り返しで、子どもは自信がつきます。ぜひ、たくさん成功体験をさせてあげましょう！

生徒さんの中には、英語を話せるようになったお子さんもいますし、ノリノリで体を動かす楽しみを満喫しているお子さんもいます。本当に、子どもの可能性は無限大です。英語deDance教室はお子さんの可能性を最大限活かせる場所であり続けたい、そう願っています。

Let’s have a great time dancing together!

主宰：伊藤聖夏

今回、取材にご協力いただいた輝きベビーアカデミー認定インストラクターの先生たちに感謝の意を表します。「モンテッソーリ教育×おうち英語」の頼もしい味方です。QRコードから講座の詳細などが確認できます。

INSTRUCTOR PROFILES（五十音順）

Aika（山本愛香）

現役こども英会話講師／輝きベビートレーナー【Aika】が好奇心旺盛な5歳双子・兄弟のいたずらにイライラしなくなった秘訣とは？
酷い癇癪っ子でも大丈夫！　子供がみるみる変わった関わり方や兄弟喧嘩が起こった時の対処法、100均グッズを使った簡単おうち英語・アクティビティなどをお伝えします。山陰エリアで活動中☆

いわさきひかる

輝きベビートレーナー兼おうち英語サークル主宰として、活動しています。才能を使いたくてウズウズしている子供たちの力になりたい！　輝かせたい！　と日々成長中！
持って生まれた無限の才能で世界へ羽ばたけ♪ 沖縄から全世界のママへ愛をお届けします。海外出産した長男は自閉症。おうち英語歴7年

上村亜耶（うえむら・あや）

兵庫県姫路市にて、子ども達が自分を自由に表現しながら才能を伸ばせる、英語×アートの親子教室「遊学ラボ」を経営しています。その傍ら、輝きベビーの講座を通じて、ママがお子さんの最高の理解者になるお手伝いをしています。自分の親と同じ子育て法から脱却し、あたたかい関わりの中で才能を伸ばす方法をお伝えします。

Special Thanks!

INSTRUCTORS

畑中彩希

横浜元町で、【お腹の中からバイリンガル】発音に重視した英会話レッスンをしています。子どもの旬を見逃さないおうち英語アプローチと、実践的なレッスンで、まるでネイティブ親子のような英語のやりとりが生活の一部に♪英会話講師/通訳/輝きベビースクール本部講師。現在3歳の息子は胎児の頃から輝きっ子です♪

maki（神野まき）

年間100名以上のママに受講いただく輝きベビートレーナー、子供3人とおうち英語歴7年／子育て英語講師としても活動中のmakiです。9歳7歳3歳の3児ママであるmakiは、指示命令で育ててしまった上の子2人の失敗と0歳からのアプローチでの成功体験！　両方を経験したからこそ伝えられるmakiの輝きベビー。どんなママさんもサポートいたします♪

村岡祐祈

モンテッソーリ×ハーバード式輝きベビーメソッドでたった3ヶ月で一生の子育てが変わる！ 子育て支援300名以上してきた村岡があなたの心に寄り添いながらお子様が自律し人生を切り開いていけるようになる子育て方法をお伝えしています。プライベートでは5歳と2歳の双子ママ♪

●著者

伊藤美佳(Mika Ito)
0歳から天才を育てる乳幼児親子教室「輝きベビーアカデミー」代表理事。(株) D・G・P代表取締役。幼稚園教諭1級免許。日本モンテッソーリ協会教員免許。保育士国家資格。小学校英語教員免許。NPO法人ハートフルコミュニケーションハートフル認定コーチ。サンタフェNLP/発達心理学協会・ICNLPプラクティショナー。日本メンタルヘルス協会認定基礎心理カウンセラー。幼稚園・保育園・スクールで33年間、2万人以上の子どもたちと関わってきた。
現在、自身のスクールで幼児教育に携わるほか、インストラクターの養成や全国の保育園・幼稚園・スクールで教員向けの指導もしている。
著書に『モンテッソーリ教育×ハーバード式 子どもの才能の伸ばし方』『マンガでよくわかる モンテッソーリ教育×ハーバード式 子どもの才能の伸ばし方』(かんき出版)、「モンテッソーリ教育×ハーバード式 子どもの才能を伸ばすクラシック (CD)」(Universal Music)、『引っぱりだす! こぼす! 落とす! そのイタズラは子どもが伸びるサインです』『モンテッソーリ流 たった5分で「言わなくてもできる子」に変わる本』(青春出版社) がある。
●「ママも子どもも笑顔になる」Instagram : https://www.instagram.com/mika_itoh/?hl=ja
●「天才スイッチをONにする」メルマガ : tensaikosodate.com/?p=65

編集協力　樋口由夏
イラスト　いけがみますみ
カバーデザイン　小口翔平+須貝美咲 (tobufune)
本文デザイン・DTP　Sun Fuerza
音　声　爽美録音
ナレーション　Katie Adler

モンテッソーリ教育×おうち英語で世界に羽ばたく子どもを育てる

2021年11月30日　第1刷

著　者　伊藤美佳
発行者　吉田嘉明
発行所　株式会社DHC
〒106-0041　東京都港区麻布台1-5-7
03-3585-1451 (営業)
03-3585-1581 (編集)
03-5572-7752 (FAX)
印刷所　株式会社ルナテック

ISBN 978-4-88724-655-3 C0037